ヘーゲルと現代思想

寄川条路 編著

晃洋書房

まえがき

本書は、ヘーゲル研究の必読書である寄川条路編『ヘーゲル講義録入門』（法政大学出版局、二〇一六年）と、そのもとになったオットー・ペゲラー編『ヘーゲル講義録研究』（法政大学出版局、二〇一五年）を踏まえて、日本の読者に、新進気鋭のヘーゲル研究者が最新の研究成果を披露するものである。

まずは、「ヘーゲルと現代思想」についての概観を序章として、つづいて、ヘーゲル哲学が影響を与えた、現代思想を内容別に考察していく。本書の目次を見ると、十九世紀の「デンマークの実存主義」から始まって、二十世紀の「ドイツの文化哲学」へ、そして二十世紀から二十一世紀にかけての「アメリカのプラグマティズム」を経て、「現代の英米哲学」へ、さらには「フランスの現代思想」と、「欧米のフェミニズム」へいたるように、各章が時代順に、地域別・テーマ別に並んでいるのがわかる。したがって、本書を一読するだけで、ヘーゲル哲学が影響を与えた現代思想の全体を、一通り見渡すことができるようになっている。

加えて、ヘーゲル哲学が「ドイツ観念論」という近代哲学の狭い枠組みを超えて、これからどのような方向へ進んでいくのかも見えてくる。ヘーゲル哲学を積極的に受け入れるにしても、あるいは、それに反発するにしても、現代思想の基本となるのは、哲学の歴史を「学問の体系」として完成したヘーゲル哲学であることに変わりはない。この点を押さえながら、さらにそこから、どのようにして現代思想が生じてきたのかを提示すること、これが本書のめざしたものである。

本書の基本となるテクストはあくまでヘーゲルのものであり、つぎに挙げる校訂版『ヘーゲル全集』全三十一巻（=GW）によっている。引用に際しては、全集の巻数と頁数を示しており、本書でたびたび参照されるヘーゲルの主著『精神現象学』（一八〇七年）は、『ヘーゲル全集』第九巻（=GW 9）に収められている。

GW: Georg Wilhelm Friedrich Hegel: *Gesammelte Werke*, hrsg. von der Nordrhein-Westfälischen Akademie der Wissenschaften und der Künste, Hamburg: Meiner, 1968 ff.

GW 9: *Phänomenologie des Geistes*, hrsg. von Wolfgang Bonsiepen und Reinhard Heede, 1980.

なお、ヘーゲル以外のテクストはそのつど、略号をもって書名と巻数および頁数を示している。各章の末尾には、それぞれのテーマに即した推薦図書も挙げられているので、あわせて一読すると、なおいっそうヘーゲル哲学とその現代思想へのかかわりも見えてくるであろう。

ヘーゲルと現代思想——目　次

序章　ヘーゲルと現代思想

はじめに

最初に、本書の内容を概観しておこう。本書は全部で七章からなる。序章は全体の要約であるから、読者には何よりもまず、序章「ヘーゲルと現代思想」を読んでいただきたい。そのうえで、第1章から終章までを通読していただいてもよいし、あるいは、読者の関心に合わせて、気になる章をかいつまんで読んでいただいてもかまわない。

本書の全体は、ヘーゲル哲学に影響を受けた現代思想が、どのように発展していったのかを、あるいは、反発していったのかを追っている。したがって、歴史的な流れに従って、本書を第1章から終章へ向けて読み進めても、あるいは逆に、終章から第1章へ向けて読み返してもよいようになっている。

では、手始めに、本書の全体を要約しておく。

1　デンマークの実存主義——ハイベアからキルケゴールへ

まず、ヘーゲル哲学がまだ直接的な影響を与えていたデンマークのヘーゲル主義を紹介しておこう。

十九世紀までのデンマーク哲学は、日本ではこれまでほとんど知られてこなかったが、現代の実存主義の創始者とされる、セーレン・オービュ・キルケゴール（Søren Aabye Kierkegaard, 1813-1855）の新版全集の刊行とともに、デンマーク黄金時代の文芸文化への関心が高まってきた。これにあわせて、「デンマーク・ヘーゲル主義」の研究が国際的にも進むようになる。

そこで本書の第1章では、デンマーク黄金時代に活躍した四人の哲学者、すなわち、ヨハン・ルズヴィ・ハイベア（Johan Ludvig Heiberg, 1791-1860）、ハンス・ラッセン・マーテンセン（Hans Lassen Martensen, 1808-1884）、フレデリック・クリスチャン・シバーン（Frederik Christian Sibbern, 1785-1872）と、後期ヘーゲル主義に属するアドルフ・ペーター・アドラー（Adolph Peter Adler, 1812-1869）を紹介することにしよう。

まず、ハイベアは、デンマークにヘーゲル哲学を普及させた第一世代であり、そこでは、ヘーゲルとの出会いから始まって、初期の哲学的著作、キリスト教社会に対するヘーゲル哲学の意義を説いた『現代に対する哲学の重要性について』（一八三三年）、王立防衛大学時代の『哲学の哲学、あるいは思弁的論理学』（一八三二年）が、それぞれ考察される。ハイベアは当時のデンマーク社会を、宗教と芸術の危機的な時代ととらえており、ヘーゲルの絶対精神の哲学こそが宗教と芸術を復興させると考えて、絶対知に到達した哲学が精神文化の分裂を克服するものと説いた。まさにヘーゲル哲学の移入である。

つぎに、第二世代のマーテンセンは、ハイベアの思弁的な論理学をもとにしながら、ヘーゲルの思弁哲学を宗教哲学へと適用していく。すなわち、神学者でもあったマーテンセンは、ヘーゲルの哲学が三位一体のキリスト教の教義学を完成させるものであると確信して、デンマーク教会の指導的立場から古い教説にとらわれて啓示と理性の断絶を説くヤコブ・ペーテル・ミュンスター（Jacob Peter Mynster, 1775-1854）を批判していく。そこからマーテンセンは、思弁神学こそが理性主義と超自然主義との矛盾や対立を克服して、新しい時代の要求に応えるとともに、両者を媒介して統一をもたらすものと説く。

そして、ヘーゲル哲学による、キリスト教と近代哲学のこうした統合による一種の脅威は、デンマークの伝統的な哲学と宗教的な自己理解を深化させる方向に進みながらも、そこからコペンハーゲン大学の哲学教授であるシバーンに、一連の反ヘーゲル論文を書かせることになる。シバーンは、雑誌『思弁的理念のための雑誌・ペルセウス』において、ヘーゲルの論理学が矛盾の概念と対立の概念を取り違えていると指摘したうえで、思考の原則をすべて包摂する一貫性の原理から、ヘーゲルの媒介概念を批判するにいたる。

さらにシバーンは、直接に対する媒介の優位を主張するヘーゲルに対して、そうした考えを心理学的な観点から批判していく。すなわち、弁証法が本来は概念の能力にもとづく推論の思考であると主張して、推論の思考に偽りのものを取り込むことによって反省のなかに分裂の可能性が生じ、そして主体が不均衡に陥って概念の自己分裂が生じたのだと、ヘーゲルの論理学を鋭く批判している。こうしたシバーンのヘーゲル批判は、その後、キルケゴールの実存思想にも大きな影響を与えることになった。

また、後期ヘーゲル主義に属するアドラーも、ヘーゲルの論理学から主体性という概念を展開していき、孤立した主体や単独者の概念を深化させており、ヘーゲル哲学から実存主義への積極的な影響関係を示す思想家として見逃せない。

2 ドイツの文化哲学――カッシーラーからブルーメンベルクへ

二十世紀に入るとヘーゲル哲学は、現代哲学の、いわゆる「文化哲学」の展開において、もっとも大きな座標軸となる。たとえば、哲学的な思考に歴史文化的なことがらを引き入れるという点では、近代の哲学体系の完成態であるヘーゲル哲学と、そのさらなる展開である現代の文化哲学という、両者の考え方やその問題提起に、類縁性を見いだすのはたやすい。

しかし、ヘーゲル哲学の存在は、二十世紀の文化哲学者にとっても、そして二十一世紀の私たちにとっても、もちろん、たんなる先駆者というだけではなく、むしろ、これから対決する相手として決定的に重要なものであったし、いまでもそうであろう。なぜなら、現代の哲学は、そして文化哲学の立場は、つねに繰り返しヘーゲル哲学と向かい合い、そのことによって自らを形成し、そして練り上げてきたからである。

そのような観点から、本書の第2章では、二十世紀のドイツの哲学者である、エルンスト・カッシーラー（Ernst Cassirer, 1874-1945）とハンス・ブルーメンベルク（Hans Blumenberg, 1920-1996）を取り上げ、彼らの議論をヘーゲルとの対話と格闘というコンテクストのなかで掘り下げていく。

たとえば、カッシーラーは、神話、宗教、芸術などの歴史的な文化を、ヘーゲル哲学にある概念による認識、すなわち精神の働きとして把握している。そこから彼は、それらの文化形態を「象徴形式」（シンボル）と呼んで、その本質だけではなく、それらのさまざまな形態をとらえていく。そしてこれを哲学の課題として設定する。カッシーラーは、さまざまな文化形態を、精神が自らを現した姿として把握することによって、異なる形態を取るそれらの全体を、ヘーゲル的な意味で統一的に認識しようとしたのである。

ブルーメンベルクもまた、概念ではとらえられないものを主題的に取り上げていく。そのかぎりで彼も、カッシーラーの文化哲学と同じ方向をめざしていたといえるだろう。とはいえ、ブルーメンベルクが唱える「隠喩学」は、カッシーラーのような、哲学的な思考の外部に見いだされるような文化現象へと向かうのではない。むしろ、歴史的なかたちをとって現れる哲学の言説を相手にしながら、思考の内部をさらに掘り下げていくものである。そこで見いだされるのは、概念に還元されることもなく、にもかかわらず、思考の方向を左右するような「隠喩」の働きである。

ブルーメンベルクが、思考のなかにある文化的なコンテクストを分析し、その歴史的な展開を追跡することは、カッシーラーとは違った仕方ではあるが、自己を切り開いていく作業となる。すなわち、いま私たちがここにいること、すなわち現在の自己は、文化的な関係の網の目のなかにあって、哲学的な思考もまた、つねに流動化するコンテクストとは無縁ではいられない、ということである。この認識の自覚が文化哲学の課題なのであるから、表立っては現れてこないが、ここにもまたヘーゲル哲学に対する批判を認めることができる。

しかし、カッシーラーもブルーメンベルクも、彼らの思索の中心にある媒介と直接という概念の道具立てが、実のところは、歴史的に形成されてきたものであって、それを築いてきたのがまさにヘーゲル哲学の知的な努力だったことは見ていない。また、現代において哲学の意味が希薄化し、文化系の学問との境目が薄れているとすれば、いまこそ文化のさまざまな現象へと向かうことで、哲学的な自己認識を企て、そこから哲学的な思考を教養文化へと開こうとした、ヘーゲル哲学の意義も顧みられてよいだろう。

3　アメリカのプラグマティズム――クワインからブランダムへ

ここで、アメリカを中心に発展した「プラグマティズム」を紹介し、ヘーゲルとの接点を探っておこう。アメリカのヘーゲル受容の最前線に達するために、まずは、十九世紀から二十世紀にかけての「古典的プラグマティズム」と、二十世紀から二十一世紀にかけての「ネオ・プラグマティズム」の大まかな特徴について説明しておく。

ネオ・プラグマティズムは、一九〇〇年前後のアメリカで展開された、古典的プラグマティズムにその源流を持っている。その基本的な考えは、「有用」という観点から哲学的な真理を説明するものであり、ネオ・プラグマティズムは、有用というこの基本思想を二十世紀のアメリカに復活させようとしたのである。

アメリカでは、古典的プラグマティズムの時代以後、ヨーロッパの論理実証主義を輸入するかたちで、分析哲学が哲学界における主流となる。二十世紀半ばのアメリカにおけるこのような分析哲学内部での変革の歴史を、ウィラード・ヴァン・オーマン・クワイン（Willard van Orman Quine, 1908-2000）を軸に紹介し、そのなかにネオ・プラグマティズムを位置づけることができる。また、ネオ・プラグマティズムの第一世代としてのリチャード・ローティ（Richard Rorty, 1931-2007）とヒラリー・

パトナム（Hilary Putnam, 1926-2016）、第二世代としてのロバート・ブランダム（Robert Brandom, 1950-）とジョン・マクダウェル（John McDowell, 1942-）のそれぞれについて簡単に紹介する。

そのあとで、本書の第３章ではとくに、ヘーゲルからの影響を自認して「推論主義」を提唱する、ブランダムについて詳しく論じていく。アメリカを代表する哲学者であるウィルフリド・セラーズ（Wilfrid Sellars, 1912-1989）や、分析哲学の代表者であるデイヴィッド・ルイス（David Lewis, 1941-2001）とも親交が深かったブランダムは、言語哲学者としての華々しい経歴を持ち、同時に、西洋の哲学史に関しても積極的に発言している。

ブランダムの基本的な考えは、言語を道具の一種としてとらえ、それを使用して行われる「実践」の分析にもとづいて、言語哲学の諸問題を解決しようというものである。彼は文の真偽はいかにして決まるのか、また、文の意味の違いはどこから生じるのかという問題を、文と現実の事態との対応として説明することはしない。というのも、「対応」による説明では、文と事態が対応するとはどういうことかが不明のままになってしまうからである。これに代えてブランダムは、文を道具として用いて行われる主張という実践を分析することで、文の真偽や意味を説明していく。

その際にブランダムは、文と文のあいだに見いだされる推論的な関係を重視し、これが文全体を覆っていると考えられることに注目して、ヘーゲル的ともいえる全体論的な推論主義を提唱する。これらのブランダムの議論は、主観と客観をいかに統一すべきかという問題を逆転させ、はじめから統一されている主観と客観がいかに区別されるかを描き出すヘーゲル的なドイツ観念論や、概念の契機や現象を全体論的にとらえるヘーゲル哲学の体系思想にもつながるものである。

ブランダムによれば、文と文とのあいだの推論的な関係は、主張という実践に参加する者たちによる相互の「スコアつけ」によって決まる。スコアつけとは、各人がいまどのようなことを主張できる状態にあるのかというステータスを、参加者が相互に記録しあう営みのことである。また、このスコアつけによる説明は、文の使用方法としての文の意味が社会的に、そして歴史的に決まることを意味しているから、アメリカを中心に発展してきたネオ・プラグマティズムのこうした着想は、近代哲学的な相互承認や歴史性をめぐるヘーゲルの議論にも連なっている、と言ってもよい。

4 現代の英米哲学——ホネットからマクダウェルへ

近年、とくに英米の哲学者たちのなかでヘーゲル哲学に注目して議論をしているのは、ブランダムと並んで、ジョン・マクダウェルだろう。だが、ブランダムの場合もそうだが、現代の英米哲学でいうヘーゲル哲学とは、いったいどのような哲学なのだろうか。

マクダウェルのテクストのなかに登場するヘーゲルは、ヘーゲル自身というよりも、むしろマクダウェルの思想を代弁する哲学者なのではないだろうか。それは、ヘーゲルのテクストを忠実に解釈したものなのではなく、いわゆるカッコ付きのヘーゲルとでも呼ぶべきものではないだろうか。というのも、ヘーゲルの哲学では、個人と個人の相互の交渉によって社会的な合意がそのつど形成されていく「相互承認」の考えが基本にあるのだが、マクダウェルの語るところでは、承認を説くヘーゲルの哲学は、規範の「意味」にとっては本質的ではないものとして描かれているからである。

社会思想史的な文脈を意図的に排除して、ヘーゲルの主著『精神現象学』(一八〇七年)に登場する「自己意識」を読み解こうとすることで、マクダウェルの語るヘーゲルは、古代ギリシアのアリストテレス的な人倫共同体に社会の理想を見ていた、若いころのヘーゲルの思想に引き戻される。しかし、「理性」や「精神」などという『精神現象学』のその後の展開を見通すことがなければ、そのようなヘーゲル理解はやはり、ヘーゲルの実像からはかけ離れたものではないだろうか。

マクダウェルは、社会思想史的なコンテクストを排除して、ヘーゲルの『精神現象学』の自己意識を解釈していくだけではない。さらにそこから、社会的な規範が合理的に妥当するためには、そもそも言語共同体の成員であることがあらかじめ前提とされ、必要とされているという。というのも、人間は言語の共同使用によってこそ、心と世界の、ヘーゲルのことばで言えば、精神と物的世界の、適切な媒介をなしうるからである。これらの二つの領域のどちらか一方に偏ることなく、均衡を保つこと、すなわちバランスをとることこそがヘーゲルには重要なのであると、マクダウェルは語っている。

マクダウェルのこのような理解に対しては、社会思想史的な相互承認論の立場から、厳しい反論が加えられている。たとえば、代表的なところでは、フランクフルト学派のアクセル・ホネット（Axel Honneth, 1949-）による批判がある。ただし、ヘーゲルの『精神現象学』の自己意識、とくに主人と奴隷の弁証法として知られる箇所を、社会思想史のコンテクストにおいてではなく、認識論のコンテクストにおいて、あくまでも一人称の視点で内在的に解釈する立場は、伝統的なヘーゲル解釈にもあった。そうであれば、ヘーゲル研究の歴史から見ても、必ずしもマクダウェルが奇異な解釈をしていることにはならないだろう。

いずれにせよマクダウェルの語るヘーゲルは、現代哲学のコンテクストにおいては、ヘーゲル理解への重要な手がかりを与えてくれてはいる。しかしそれは、私たちが問題にしているヘーゲルと単純に同一視することもできない。つまり、ヘーゲルのテクストを一定のコンテクストに安易に流し込んだり、あるいは無理に押し込んだりすることも妥当ではないし、そうかといって逆に、ヘーゲルのテクストにしがみついて、一定の立場からするヘーゲル読解をそう簡単に排除すべきでもない。複数の解釈を比べてみては、テクストを読み解く力を育てていく必要性だけは、ヘーゲル理解にかぎらず、つねに身につけておくべき哲学的姿勢であろう。

では、フランスの現代思想というコンテクストにおいて、ヘーゲルのテクストはどのように読み解かれるのだろうか。

5　フランスの現代思想——ラカンからジジェクへ

従来、フランスの現代思想は、ヘーゲル哲学を受容するというよりも、むしろ敵対視してきた。このことは、もはや周知の事実であると言ってもよいだろう。そこで大事なのは、どのようにして、そしてどれだけ、ヘーゲル哲学から距離を取ることができるのか、ということだった。これがフランス現代思想のひとつの課題であったと断言しても差し支えない。しかし、一九八〇年代後半から、徐々に、そして確実に、このような状況に変化が生じ始めている。

いまでは、フランス現代思想の影響を十分に受けながらも、ヘーゲルを拒絶するのではなく、むしろフランス現代思想との共通点からヘーゲル哲学を読解する人たちが登場し始めている。このような哲学者のなかでも、とりわけ重要な人物として、スロベニア生まれの哲学者、スラヴォイ・ジジェク（Slavoj Žižek, 1949-）の名を挙げることができる。ジジェクは、フランスの精神分析家であるジャック・ラカン（Jacques Lacan, 1901-1981）の用語を使いながら、近代のドイツ観念論から現代の政治状況までを鮮やかに分析して論じていく、ヨーロッパを代表する哲学者のひとりであると言ってよい。

ジジェクのヘーゲル読解の特徴は、何といってもヘーゲル哲学をラカンの理論をもって解釈するという点にあるが、その際に参照されるラカンの理論は、必ずしもラカン自身が自覚していたヘーゲルからの影響に合致しているのではない。むしろジジェクは、ラカン自身が意図しないところでヘーゲルとの共通点を持っていると考えていたようだ。それゆえ、ジジェクのヘーゲル読解によって私たちは、ヘーゲル哲学をたんに精神分析へ応用できるものとして理解するのではなく、伝統的なヘーゲル解釈のなかで新しいヘーゲル像を打ち立てるところに導かれていく。そうであれば、ジジェクの提示する新しいヘーゲルとは、いったいどのようなものなのだろうか。

このことを明らかにするために、本書の第5章で注目するのは、ヘーゲルの主著『精神現象学』のみならず、近代ヨーロッパの哲学を支える基本テーゼ「実体は主体である」というものである。というのも、実体にしても主体にしても、これらの概念は、フランス現代思想における喉元に刺さった棘《とげ》のように、容易には解決できない問題だからである。そればかりか、それらは、ジジェクによるラカン理解においても、ヘーゲル理解においても、もっとも重要な概念として機能しているからである。これまで、実体＝主体テーゼは、思想の全体主義につながるものとして嫌われ、そして避けられてきた。この厄介ものが、フランス現代思想のヘーゲル批判の根拠ともなっていたのである。しかし、ジジェクの読解を介することによって、私たちはこのテーゼが全体主義に加担するものではなく、むしろ、ヘーゲル哲学の新しさを端的に表現するものであることを理解するだろう。

「実体は主体である」というテーゼは、すべてを全体性のうちに包含するのでも、歴史の必然性を主張するのでもなく、そうではなく、それらの動的な生成の構造を提示するものとして、あらたに解釈され、そして提示される。ジジェクはそのようなヘーゲル哲学を、単純に主体の概念を復権するのではないかたちで提示している。したがって、本書の第5章は、ジジェクによるヘーゲル読解を精査することで、ヘーゲルのラディカルさを復権する試みのひとつとなる。

6 欧米のフェミニズム――ボーヴォワールからミルズへ

ラディカルさという点では、ヘーゲル哲学のフェミニズムによる解釈も負けてはいない。

これまでヘーゲルは、家父長制の立場に立つ哲学者として、フェミニストから批判されてきた。フェミニズムの立場からの解釈では、ヘーゲルを、男性を国家に位置づけ、女性を家庭に位置づける、家父長制の立場にあるものととらえており、実際に、『フェミニストのヘーゲル解釈』（一九九六年）を編集したパトリシア・J・ミルズ（Patricia J. Mills, 1944-）がこの立場に立っている。

しかし、ヘーゲルが実際に、女性を受動的ととらえ、男性を能動的ととらえていたのかを、そして、女性の役割を家族に置き、男性の役割を国家に置いていたのかを、ヘーゲルの『精神現象学』のテクスト分析から解明していく必要があるだろう。ヘーゲルはそもそも、現代の視点から見たときに、フェミニストから断罪される古典的な哲学者にすぎないのだろうか。

本書の末尾を飾る終章では、まずは、フェミニズムの立場から女性の解放を求めて闘った実存主義者、シモーヌ・ド・ボーヴォワール（Simone de Beauvoir, 1908-1986）が、どのようにヘーゲル哲学を理解していたかを確認して、その理解を現代フェミニズムの立場から検証していく。

そのうえで、ヘーゲルの主著『精神現象学』のなかの「理性的な自己意識の自分自身による現実化」と「快楽と必然性」で論じられる「性愛」について考察を進めていく。そして『精神現象学』の中心をなす「精神」章の人倫にある「真実な精神」で扱われる、人倫的世界における「家族」という人間関係のなかから、とりわけてここでは兄と妹の「自由な関係」を取り上げる。これらの考察から、ヘーゲルが女性をどのように位置づけているのかを詳らかにしていきたい。

また、ヘーゲルが「家事」という女性の労働を一般的には消極的にとらえており、むしろ、家族の一員として「埋葬」の役目を果たすことを重視していた点に注目する。そして最後に、以上の考察から導かれる結論として、社会という共同体において、ヘーゲルが女性をどのようにとらえていたのかを明らかにする。

ヘーゲルの『精神現象学』は、そもそも「意識経験の学」として、意識が自らの知を自己吟味し、新たな対象のうちに自らの経験を見いだしていく道のりを描いた「教養小説」であった。つまり、個人として意識が、知と真を吟味するなかで成長し、子ども時代の思い込みを訂正していくなかで大人になるという、ある意味では自らの道のりを否定しながら成長していく「懐疑の道程」である。『精神現象学』が、このような方法論を取るために、否定されるべき子ども時代や、受動的に振る舞う女性的態度は未熟なものであり、成熟した男性にのみ積極的な活動が認められてきた。

だが、本当にそうであろうか。実のところはそうではなくて、女性は、力の能動と受動がそうであるように、受動的であるかのように装うことで男性をそそのかしているのではあるまいか。そうであれば、女性は一見したところ私的な領域にとどまっているかのようであり、男性は公的に振る舞っているかのように見えるけれども、これも実のところは、女性はたんにそのように装っているにすぎないのではないだろうか。このことが、ヘーゲル弁証法の否定作用によって、意識の経験する歩みのなかで明らかにされる。

ヘーゲルの『精神現象学』を一ひねりすることができるとすれば、女性は、男性がけっして持つことのできない「マイノリティー」(社会的弱者)の視点から、ヘーゲルが大文字で語る「絶対者」とか、メジャーな「学問」とかいう体系的な知の根幹を切り崩す可能性を持つのではないだろうか。また、「絶対知」に到達したと思い込んでいる男性的な知にはけっして見えない視点から、こうした知の営みの根拠のなさを問い直すことも、かえって女性によってのみ可能となるのではないだろうか。

フェミニズムの立場からは、たんにヘーゲル哲学を一概に断罪するのでも一蹴するのでもなく、現代的な視野から実り豊かにヘーゲル哲学を読み解くこともできるように思われる。

おわりに

このようにして本書の各章においては、ヘーゲル哲学を今日的な観点から鋭く切り込み、これによってヘーゲル哲学を再生する新たな可能性が開かれてくるだろう。そのような読解の試みが、以下の各章においてなされている。では、具体的な問題を取り上げながら、本論に入っていくことにしよう。

推薦図書

オットー・ペゲラー編『ヘーゲル講義録研究』(法政大学出版局、二〇一五年)。

寄川条路編『ヘーゲル講義録入門』(法政大学出版局、二〇一六年)。

第1章

デンマークの実存主義――ハイベアからキルケゴールへ

はじめに

十九世紀のデンマーク文化と聞くと、一般にどのようなことが思い浮かべられるだろうか。世界で一五〇か国語に翻訳された童話作家のアンデルセン、世界的に有名な彫刻家ベルテル・トーヴァルセン、実存主義の祖といわれるセーレン・キルケゴールなど、日本人の誰もが一度は聞いたことのある名前が思い浮かぶだろう。この時代は、ヴァルデマー・ヴェデルによって、デンマーク黄金時代と呼ばれたように、デンマークにとって、かつての広大な領土が次々と失われた、動乱に満ちた時代であったにもかかわらず、文化的には大変豊かな時代をむかえていた。彫刻、絵画、音楽のほか、電磁気学のエルステッドや、壮大な北欧詩集を残したエーレンスレーヤーなど、自然科学や文芸文化が隆盛を極めた時代であった。その一方で、デンマークの哲学は、十九世紀の前半からヘーゲル哲学の影響によって、大きな挑戦を受けていた。この時代は、隣国ドイツから流入した「デンマーク・ヘーゲル主義」と呼ばれる思想潮流が、学問の世界を席巻するほど、ヘーゲル哲学が普及した時代であり、デンマークの知的文化の中心であるコペンハーゲンもその例外ではなかった。本章では、キルケゴールが活躍した十九世紀デンマークの思想世界と、デンマークで展開されたヘーゲル主義哲学、ハイベアやマーテンセン、アドラーといった人物について解説していく。

1　ヨハン・ルズヴィ・ハイベア

デンマークにおけるヘーゲル哲学の展開を考えるうえで、もっとも注目しなければならない人物は、やはりJ・L・ハイベア（Johan Ludvig Heiberg, 1791-1860）である。ハイベアの活動時期において、ようやくヘーゲル受容の時期から、自立的なデンマーク・ヘーゲル主義形成の段階に移行するからである。一般にハイベアは、デンマーク国内ではヘーゲル主義哲学者というよりも、文芸批評家として知られており、デンマーク文学史に残る数々の詩や戯曲や美学的著作が有名である。しかし彼がデンマークを代表するヘーゲル主義者として知られるようになるのは、生涯にわたってデンマークに、ヘーゲル哲学を導入することを自己の使命とし、デンマーク・ヘーゲル主義という思想潮流を哲学・文芸・政治・宗教の分野において形成したからにほかならない。ハイベアのヘーゲル主義は、彼が設立し、編集した、文学と哲学批評雑誌『コペンハーゲン空輸便』（一八二七—三七年）、『文学と批評雑誌』（一八二七年）、『思弁的理念のための雑誌・ペルセウス』（一八三七—三八年）、『ウラニア』（一八四四—四六年）において広範囲に浸透した。ハイベアは、ベルリンでヘーゲルに出会った一八二四年から、一八三六年の終わりにマーテンセンが登場するまで、デンマークにおけるヘーゲル主義形成を担った中心人物であった。ハイベアがヘーゲル哲学に目覚めるのは、キール大学で同僚だったヨハン・エリック・フォン・ベルガーとのかかわりからだと言われる。一八三九年の十一月に書かれたハイベアの『自伝的断片』では、彼のヘーゲル哲学への思想的転回について知ることができる。自伝によれば、ハイベアはヘーゲルの『大論理学』をヨハン・エリック・フォン・ベルガーから借り受け、一八二四年の夏にベルリンへの旅行の計画のなかで、ベルガーの推薦文を持ってヘーゲルの講義に出席しようと決めていた。彼はキール大学での休暇を得て、ベルリンでヘーゲルに会い、個人的な親交を深めたあと、宗教哲学講義や論理学・形而上学講義などを聴講し、エドワード・ガンスやフィリップ・マールハイネケ、レオポルド・フォン・ヘニングら主要なヘーゲル主義者と交流し、彼らからヘーゲル講義録の写しを借用した。キールに戻ったのち、ハイベアは、ヘーゲル哲学と自由の問題を論じた『人間的自由について』（一八二四年）を刊行し、キール大学在職中に、『論理学の観点から見られた偶発性について』（一八二五年）、『ゾルガーについて』（一八二七年）、『言語における唯物論者と観念論者の原理について』（一八二七年）を刊行した。ここでは、初期ハイベアにおけるヘーゲル主義の展開について見ていきたい。

一　『論理学の観点から見られた偶発性について』（一八二五年）

『論理学の観点から見られた偶発性について』は、ハイベアのキール大学在職時代にドイツ語で書かれた哲学論文であり、論理学における偶発性を必然性と自由の問題として論じている。ハイベアはこの論文で、ヘーゲル論理学のターミノロジーを使って偶発性の問題を説明するが、偶発性は周知のように、ヘーゲル論理学の中心的な主題ではない。むしろこの著作は、ハイベア自身の問題関心をヘーゲル的に展開したものだといえよう。ハイベアによると、論理学における偶発性は、抽象的な非存在や非真理ではなく、概念的真理への内在的な移行である。このことを理解するためには、偶発性の概念が、自由と必然性の概念に結びつく前提について知らなければならない。ハイベアによれば、自由は隠された必然性と呼ばれるように、必然性の概念と結びついており、他在が必然性を措定するかぎりでのみ、自由は現存する。他在自身は非─必然性であり、すなわち自由である。ちょうど対照的に、自由が必然性を必要とするように、必然性も空虚な抽象性と区別される自由のうちに、非自由を含んでいる。この関係をハイベアは、「概念における自由と必然性の同一性」と呼ぶ。自由と必然性の同一性は、概念の自己同一的な契機が、その反対の契機を含みながらも、両契機が内在的な同一性のうちにあるかぎりで、両契機の外にはけっして現存しない、内在的な統一を持つ。その一方で、偶発性は、自由と必然性、曖昧さと運命のあいだで揺れており、両契機が分離するとき、偶発性は一方から他方へ移行するが、一度に両方に移行することができない。しかし自由と必然性の同一性は、偶発性が容易に一方から、他方の契機に移行できる事実によって示されるように、偶発性がどちらの側に傾こうとも、自由と必然性との同一は保たれている。このように偶発性は、いわば、概念の発展における半─抽象で半─真理であり、同一でありながらも、両契機として分離する、自由と必然性の「外的な同一性」なのである。

ハイベアは、偶発性の問題を説明することによって、ヘーゲル論理学の概念における自由と必然性の弁証法的関係を明らかにする。すなわち、自由は概念の主観的契機であり、必然性は概念の客観的契機であるが、精神のうちに現存する主観性の自由な運動と、自然における客観性の合法則的な必然性とが、偶発性の半―抽象的で、数学的に確率的な関係を克服することによって、論理学は自由と必然性の対立を解消する。このように偶発性の問題は、論理学がスピノザ的な決定論に陥ることなく、自由を保持しながら運動するための哲学体系の要であって、ハイベアは、偶発性の問題に答えることで、当時の体系哲学のアポリアに関する論争を解消しようとした。

二 『現代に対する哲学の重要性について』（一八三三年）

『現代に対する哲学の重要性について』（*Om Philosophiens Betydning for den nuværende Tid*）は、芸術、宗教、文芸、文化などに対するヘーゲル哲学の意義を考察する一般向けの論説であり、一八三八年の五月に刊行された。ハイベアのこの著作の背景には、ヘーゲルの死の直後に出版された『宗教哲学講義』の影響があり、ヘーゲル哲学とキリスト教の関係を考察するための、当時のヘーゲル学派内における宗教問題の論争が反映されている。ヘーゲルの『宗教哲学講義』の初版（一八三二年）は、年代の異なる講義録を一冊の本にするために、継ぎ接ぎしたようなものであったため、編者のマールハイネケが学派内で批判を受け、ブルノ・バウワーと共同で第二版（一八四四年）が刊行された。とくに『宗教哲学講義』のキリスト教理解は、学派内でしばしば論争の的となり、ヘーゲルは魂の不死の教説について論じているのか、ヘーゲルの哲学的な概念の神は、神学的に正統な人格神と和解できるかなど、ヘーゲル学派の内部分裂を引き起こすほどに紛糾した。しかしデンマークでは、ヘーゲル右派の思潮が強かったため、ドイツのようなラディカルな宗教批判よりも、ヘーゲル哲学の受容によって、宗教哲学の問題が深化していく傾向にあった。宗教哲学を受容したデンマークの知識層は、当時の大学と教会のいたるところに溢れていて、一八三〇年代のコペンハーゲン大学神学部は、学生数が千人を超えるほど、大学の大半を占めていた。デンマークの聖職者たちは、社会的文化的な論争において重要な役割を果たしており、彼らのなかには、グルントヴィ、マーテンセン、モンラートなど、政治や文化史において重要な役割を果たした者も少なくなかった。一方で、ゾイテンやホヴィッツなど、ハイベアの敵対者たちは、ハイベアのヘーゲル解釈を批判するために、ヘーゲルの『宗教哲学講義』について広範囲にわたって言及し、この論争は一八三〇年代から始まるデンマーク・ヘーゲル主義形成の議論を主導するようになった。キルケゴールがコペンハーゲン大学に入学したのも、ハイベアのヘーゲル主義が隆盛を極めていた時期であった。

ハイベアの『現代に対する哲学の重要性について』は、現代が劇的に宗教的な危機の時代であるという宣言から始まる。歴史は平穏と危機の時期を通して動いており、安定期には普遍的に把握された体系が信仰を保持するが、矛盾が出現するや、それまで信仰や社会制度が安定していた時代が危機を迎え、革命が着手される。たとえばハイベアは、キリスト教の出現を古きローマ宗教における危機としてとらえており、自らの諸力を失って抽象的になり、人間存在に分裂したローマ宗教の神的存在は、キリスト教の到来によって、ふたたび神性の領域において統一されると説明した。ハイベアはこの歴史意識に関する議論を、当時のデンマーク社会の宗教的危機に見いだし、宗教はふたたび社会的、文化的生において高められなければならないと、デンマークの知識層に対してある種の啓蒙活動を行った。宗教はいまや教養人において、もはや真剣には意識されていないが、ハイベアによれば、歴史の新たな段階においてそうした意識は克服されなければならないのである。

私たちが現代に目を向けるならば、まずはじめに、無教養層のあいだでは、今ある生と、一時的な関心しか持たれず、教養層によっては、すでに満たされた物質的な生が、過去に属すると見なされるような、ある企てが始まったのを理解する。もっとも著しいこの例は、私たちのあいだで頻繁に起こる神学論争が、もっぱら無教養層の教育のために行われているのに、一方でそうした見解をすでに通り越した教養層は、そこからは何も影響を受けることがないということである。
(*Heiberg's prosaiske skrifter*, Bind 1, Kjøbenhavn, C. A. Reitzel, 1861-62, p. 395. 以下 *Prosaiske skrifter* と略記)

ハイベアにとって現代の世俗化は、矛盾する昨今の運動が、危機の時代を作り上げることの結果であり、時代の教養層が宗教に関心を払わないことの結果であった。十九世紀の宗教的な信条体系の崩壊は、かつての十八世紀型の啓蒙主義による宗教批判よりも、より急進的な仕方で進んだため、宗教がなぜこの時代の信仰形態において力を失ったのかについて、ハイベアは考察する。かつては美学が美を探求したように、宗教は真理の無限性を探求したが、ニヒリズムによって宗教と芸術における無限性の探求が崩壊し、無限性の真理の探求が失われたのである。人々は時間的で有限なものにしか関心を抱かなくなり、現世的な課題を追求する物事に人々の関心は移っていった。このような時代の混乱に対して、哲学こそが時代の解決策だとハイベアは主張する。なぜなら哲学は、時間的な現象の世界に、永遠で無限な真理を見分ける力であり、それによって芸術と宗教に真の基礎を与え、時代の混乱を回復するからである。ヘーゲル哲学によれば、芸術と宗教は絶対精神の現象形態であり、絶対知に到達する哲学こそが、芸術と啓示宗教であるキリスト教の真理をあまねく開示する。宗教は有限なものにおける無限なものの実現過程であり、ヘーゲル哲学は、啓示宗教の真理性の保証である。宗教と同様に芸術の意義も、絶対精神の哲学において把握されなければならない。ハイベアは、ゲーテがヘーゲルと同様に現代のもっとも偉大な精神であると指摘し、ゲーテのポエジーもまた、ヘーゲルの体系と同じく、理念と現実性との和解であって、ハイベアの言う「思弁的ポエジー」こそが、現代の文芸運動の危機を克服するという。こうしてハイベアは、宗教と芸術の危機に対する解決策を、ヘーゲル哲学と、芸術、宗教との思弁的総合の内に見いだし、ヘーゲル哲学こそが、現代の世俗化による危機を克服すると主張したのである。

三　『哲学の哲学、あるいは思弁的論理学』（一八三二年）

一八三〇年に王立防衛大学に移ったハイベアは、その翌年にヘーゲル論理学に関する講義を行った。ハイベアの受講生のために、王立防衛大学によって出版されたテキストが、『哲学の哲学、あるいは思弁的論理学』(*Ledetraad ved Forelæsninger over Philosophiens Philosophie eller den speculative Logik*) である。この著作は、ヘーゲルの『エンチクロペディー』と『大論理学』に従った論理学の教科書で、デンマークのヘーゲル主義形成において画期的な影響を与えた。デンマークで記念碑的な論理学の注解書となったこの本は、ヘーゲルのテキストを度々パラフレーズする仕方で枠づけしており、哲学的に複雑な内容を構成する。この著作は三つの版が出版され、第一版は、ハイベアの学生たちによってリトグラフ化された。第二版は、王立防衛大学以外の聴衆の受容にこたえるために出版され、第三版は、ハイベアの死後、一八六一年に全集のなかに組み入れられた。ハイベアの『思弁的論理学』は、『人間的自由について』や、『偶発性について』など、初期の著作と比べて、ヘーゲルの主要著作に対する綿密な分析がされている。その論理学の章立ては、いくつかの逸脱が見いだされる以外、ヘーゲルの構造に従っている。ここでは『思弁的論理学』の主要な論点を紹介しよう。

ハイベアは議論の発端として、「哲学は前提なしに始まらなければならない」というヘーゲルの論理学の始元論について詳しく論じることから始める。この問題は、しばしばキルケゴールによって批判の標的とされたように、ハイベアの論理学のテキストは、当時のデンマークのヘーゲル理解にとって重要な位置を占めていたのを物語っている。ハイベアによれば、哲学は他の学問分野とは異なって、無批判に一定の考察の対象を前提にすることはできない。その意味でハイベアは、「哲学はその場合ほとんど前提のない学問と見なされうるものであり、哲学は無から始まらなければならない」と言う。彼が『思弁的論理学』に「哲学の哲学」という一風奇妙な表題を付けたのも、この論理学の始元の問題に関係する。ハイベアによれば、思考は自然や精神と共通の起源を持つことができるが、論理学は、それがただ哲学の最初の部門であるばかりではなく、もっとも形而上学的な与件として、根底において哲学それ自身でなければならないために、「哲学の哲学」なのである。ハイベアはこのように、ヘーゲルの前提なしの端緒が、もっとも直接的なカテゴリーである純粋存在にあると見いだすことで、純粋存在において思考のあらゆる規定性が抽象化される端緒を見いだす。

あらゆる規定性を、あらゆるものにおいて抽象化するのであれば、必然的にあらゆる前提が排除されることになるために、ここにおいて抽象的な直接性という始元に到達することになるが、その場合、それ以上に抽象化されえないあるものが残される。なぜなら、それが前提のないもの自身であり、したがって抽象的な直接性、つまり始元だからである。つまりこのあるものは、普遍性における存在、もしくは抽象的にして絶対的な存在であり、最大限にあらゆるものから抽象化されたものなのである。(*Prosaiske skrifter*, Bind 1, p. 127)

ハイベアの純粋存在は、あらゆる規定性から抽象化されたのちに残される、もっとも普遍的で絶対的な存在である。ヘーゲルであれば、最初のカテゴリーである純粋存在は、必然的にその対立である無を同時に暗示し、対立する相互的な状態は、生成において一方が他方を規定しあう。それに比べれば、ここでハイベアは、少し奇妙な構成によって、ヘーゲルの始元論を説明している。「もしそれでも、このあるものを抽象化するのであれば、もっとも抽象的なものが消え去り、その結果として無が残されることになる。しかし無は存在を抽象化することができないので、そのとき、もっとも抽象的なものは、すでにそれによって生じており、存在はそれゆえに無と同じなのである」(*Prosaiske skrifter*, Bind 1, p. 127f.)。それゆえに、論理学はもっとも抽象された始元において、存在から無への移行の運動が生じるとされる。しかしここでハイベアは、ヘーゲルの始元論を説明するために、説明方式をヘーゲルの順序と変えており、意図的にヘーゲル論理学の構成から逸脱した。ヘーゲルの場合、①に存在、②に無、③に生成が来るはずだが、ハイベアの論理学は、①に存在と無、②に生成、③に現存在を配置している。これによってハイベアは、純粋存在によって体系が始まることを説明すると同時に、存在と無の移行としての生成から、いかにして現存在が導出されるのかに強調点を置いたが、この問題は、のちにシバーンやキルケゴールによって批判される対象になった。
つぎの論点は、論理学においてしばしば論争の的になったヘーゲルの矛盾の概念についてである。ハイベアの『思弁的論理学』では、ヘーゲルの論理学を防衛するために、広範囲な論証を用いて矛盾概念の再定義が試みられている。デンマークでは、ミュンスターの『同一性に関する論理的考察』で、ヘーゲルの矛盾概念が問題となり、その後シバーンによるヘーゲル批判の論文によって、この論争はデンマーク全土に波及した。しかしこの問題が最初に論じられたのは、ハイベアの『思弁的論理学』においてであり、ハイベアは、思弁的論理学における矛盾概念の扱いについて、つぎのように論じている。

第一の命題は、あらゆるものの同一性を表すために、あらゆるものについて、「それであるところのものである」と言明する。第二の命題は、あらゆるものの差異を表すので、あらゆるものについて、「それではないところのものである」と言明する。これら二つの命題はつぎの命題の形式を保持する。1「あらゆるものはそれであるところのものである」か「AはAである」。2「あらゆるものは、それではないところのものではない」か「AはAではないものではない」。1は同一原理と呼ばれるが、2は何人かの著者が不当にも矛盾律と呼んでいるものであるが、これは1の命題と同じものである。というのも、「AでないものはAではない」は、まさに同様に「A

はAではないものではない＝A」と書くことができるからである。1と2は肯定的かつ否定的に表現された同じ同一命題である。(*Prosaiske skrifter*, Bind 1, p. 194f.)

ハイベアはここで形式論理学において重んじられる矛盾原理を批判し、矛盾原理は思弁的に見られた場合、たんに同一原理の否定的な側面でしかないと述べている。その意味で、論理学上の三つの思惟原理は、相互的な媒介関係にあるために、これらの思惟原理が、たんに原則それ自身として見られただけでは、空虚なトートロジー(同語反復)以外のなにものも言明しないと批判している。

それら二つの原理も、またそれ自身においてトートロジーであると見なされるならば、その結果としてそれらは空虚である。「あらゆるものはそれであるところのものである」という要求は、対立の前提のもとにあること以外には、なんの意味も持たず、つまりそれは、「それではないところのもの」か、そのあらゆる差異を伴って理解されているにもかかわらず、それはそれ自身なのである。しかし両者の命題において、ここで二つの原理が示されているように、述語は、主語のなかにあるもの以外のなにものも言明していない。それゆえに、そこには述語を付け加えるための理由がなにもなく、主語に対して、「あらゆるもの」は、それ自身において同じことを言明している。(*Prosaiske skrifter*, Bind 1, p. 195)

ここでハイベアは、同一原理と矛盾原理の形式的な同一性について批判する。主語―述語関係に何か発展があるとすれば、述語は主語のなかに含まれていない、新しい規定性を付け加えなければならない。しかし同一原理は、主語のなかにすでに含まれているものを、たんに繰り返すだけであるから、そこには何の発展もないのである。つまりハイベアにとって、矛盾原理は、たんに同一原理と同じ言明の否定的な形式にすぎず、媒介関係から離れた思惟原理をそれだけで取り出しても、論理的に何の意味もなさないのである。

同一性の原理において、その否定的な形式と肯定的な形式における両者は、いわば主語と述語が同じなのであり、そこにおいてトートロジーが成立する。しかし3では、その場合、つぎの形式を容認する。あらゆる述語は、すべて主語に属するか、属さないかのいずれかであり、もしくは、「AはBか―Bでないかのいずれか」である。それゆえにここで述語はAとは異なるところのBを含んでいる。つまり同一性は、Bか―Bでないかのいずれかが、存在として措定されうるという事実のなかに存している。この命題は、排中律という名の命題を容認するのであり、それはつぎのように長くもって回ったような形式において提示される。「二つの述語について、一方が絶対的に他方を否定し、一方があらゆる主語に従属しなければならないのに、他方がそうでない場合、そこには第三項はない」。(*Prosaiske skrifter*, Bind 1, p. 196)

この排中原理の問題は、あらゆる述語か、もしくはそのうちの、反対の述語が、あらゆる主語に適応されうることを暗示している。たとえば、思考は暗い青かそうでないかのどちらかである場合、この命題のどちらかが正しいとしても、それらは何の意味も持たず、空虚な命題である。このようにいくつかの述語は、単純にいくらかの主語に適応することができず、その否定も適応することができないが、排中原理はあらゆる述語か、もしくはその否定が、あらゆる主語に適応されなければならないことを暗示する。つまり、同一原理や矛盾原理と同様に、学問にとって排中原理はまったく無意味である、とハイベアは言う。ハイベアはこうして論理学の三つの思惟原理が、原則自体として無意味であり、それらは弁証法的な対立において、思弁的な矛盾概念に取って代わらなければならないと主張する。これらの形式論理学批判は、ヘーゲルのアリストテレス批判の解釈であり、ハイベアの言及はのちのデンマーク矛盾論争の火種となった。

2　ハンス・ラッセン・マーテンセン

デンマーク・ヘーゲル主義運動を指導した第二世代の思想家として、つぎにマーテンセン（Hans Lassen Martensen, 1808-1884）の名を挙げなければならない。彼はデンマーク黄金時代を代表する神学者、宗教哲学者であり、宗教哲学、倫理学、思弁神学、神秘主義研究や、政治哲学、社会主義思想の分野で功績を残した人物である。マーテンセンは、シェリングやフランツ・バーダーといった思想家と交流を持ち、著作も多くの外国語に翻訳され、デンマーク国外でも広く知られた思想家になった。代表作は『私たちの教義神学の時代における人間的自己意識の自律について』(*Den menneskelige Selvbevidstheds Autonomie i vorsTids dogmatiske Theologie*, 1841)、『マイスター・エックハルト』(*Mester Eckart: et Bidrag til at oplyse Middelalderens Mystik*, 1840)、『道徳哲学体系の概要』(*Grundrids til Moral-philosophiens System*, 1841)、『キリスト教教義学』(*Den christelige Dogmatik*, 1849)、『キリスト教倫理学』(*Den christelige Ethik*, 1871-78)、『社会主義とキリスト教』(*Socialisme og Christendom*, 1874)、『ヤコブ・ベーメ』(*Jacob Bøhme*, 1881) などである。マーテンセンは、神学部時代のキルケゴールのチューターであり、ヘーゲル主義者としてデンマークのキリスト教社会に大きな影響力をもつようになった。

マーテンセンを一躍有名にしたのは、一八三九年にハイベアの『文学と批評雑誌』に当時神学生であったボーネマン (Johan Alfred Bornemann) が寄稿した『人間的自己意識の自律について』の書評であった。この書評のなかでボーネマンは、マーテンセンに賛美を呈し、「思弁の発展は私たちの時代の世界観において、普遍的に理念的本質の意識を主観と客観、自然と精神の媒介的統一へもたらした」と思弁的論理学の意義を強調し、「神学において理性主義と超自然主義はともに、過ぎ去った時代に属する廃れた立場である」と述べた。これがいわゆるデンマーク矛盾論争の発端である。ボーネマンは、マーテンセンの思弁的業績が、時代の教養的要求に対して生の多様性のうちに統一と連関をもたらし、宗教をその本来の真理の認識まで達成させたと評価する一方で、排中原理に固執するミュンスターの立場が、思弁哲学によって克服されたと批評した。これに拍車をかけたマーテンセンは、ハイベアが編集する同じ雑誌に「理性主義、超自然主義、排中原理」を発表し、ヘーゲル論理学の媒介概念が果たす神学的重要性を強調し、宗教哲学において三位一体論が思弁的に完成されると主張した。

マーテンセンの論点は、キリスト教の啓示の概念に対して、思弁神学こそが排中律による啓示と理性の断絶を乗り越え、それらを思弁的に媒介するという点にある。つまりマーテンセンは、この論争に対し、ミュンスターが啓示の要請について述べた、人間は最終的に超自然主義かあるいは理性主義かの二者択一を決断しなければならず、第三の立場は存在しない、という立場に疑義を呈したのである。マーテンセンによれば、超自然主義の立場は、理性主義などあらゆる他の立場を媒介する連続性や、媒介そのものを排除する「二元的あれか／これか」の意味で理解されてはならない。なぜなら思惟は、あらゆる矛盾に対する同一的かつ流動的な繋辞（コプラ）であり、矛盾もまた固定的に克服できないものではなく、思惟における自己意識の連続性と、カテゴリーによる相互間の絶対的な浸透性が、学問において維持されなければならないからである。学問と実存のあらゆる対立もまた、普遍的に思惟する自我の領域に帰着するがゆえに、あらゆる対立も同一の思惟行為によって定立される。それゆえ、超自然主義でありかつ理性主義であるのは同一の自我であり、同一の自我が、これらすべての矛盾を反映している。マーテンセンは、ここから神の知が、人間の知に内在することが確認されるのであれば、理性主義と超自然主義は少なくとも認識原理において克服されると結論づける。そもそも神の知によって思惟された内在は超越であり、自己意識と啓示の同一性が、思弁神学の前提である。それゆえに、超自然主義的な啓示に対する形式的な理性の使用は、妥当性のない障害として認識されるかぎり、啓示に対する理性の受動的な関係は誤りであって、理性はむしろ啓示に対して積極的な総合的理念を把握しなければならない。それが啓示の本質を哲学的に媒介概念によって把握する意味なのである。

マーテンセンは、このような思弁神学の立場から、神―人の結合である受肉の理念や、三位一体論の位格相互の結合の認識など、矛盾対立するものを思弁的媒介によって認識可能にすることが、この時代に与えられている新しい課題であると言った。この立場に象徴されるように、マーテンセンは、ヘーゲルの媒介の立場が「あれもこれも」であるかぎり、「あれかこれか」は、私たちの時代の課題ではないとミュンスターらを侮辱するようになった。マーテンセンは生涯キルケゴールの論敵であり続け、ミュンスター亡きあと、いわゆる「真理の証人問題」で、キルケゴールはマーテンセンと激しく対立するようになった。

3 フレデリック・クリスチャン・シバーン

デンマークの哲学者のなかで、自然哲学のヘンリク・ステッフェンス（Henrik Steffens）や、古代哲学教授のポール・メラー（Poul Martin Møller）などは、反ヘーゲル的な傾向を示していたが、そのなかでもっともヘーゲルに言及したのは、シバーン（Frederik Christian Sibbern, 1785-1872）である。シバーンは、一般的にはセーレン・キルケゴールの師として、また『ガブリエリスの手紙』（一八二八年）の著者として知られるだけだが、コペンハーゲン大学の哲学部の教授を約半世紀のあいだ務めたこともあり、認識論、論理学、形而上学、心理学、宇宙論、道徳哲学、政治哲学、美学など膨大な著作を残した十九世紀のデンマーク哲学を代表する体系的な哲学者である。その代表作に『思惟言説としての論理学』（一八二七年）、『一般生物学によって導入された心理学』（一八四三年）などがある。

コペンハーゲン大学哲学部で長く教授の地位にあったシバーンもまた、デンマークにおけるヘーゲル哲学の問題を扱うためにハイベアの『ペルセウス』に投稿した。一連の論文「現代との関係において考察されるヘーゲル哲学に関する論評と研究」（Bemærkninger og Unbersøgelser fornemmelig betreffende Hegels Philosophie）は、一八三八年の四月から各月ごとに発表され、矛盾論争におけるヘーゲル主義者たちとの対決姿勢を露わにし、デンマークにおける痛烈なヘーゲルの批判者となった。

この第一論文においてシバーンは、ヘーゲル論理学の存在論における生成概念を批判し、学問の始元と体系の関係について、つぎのように論じる。論理学の最初の言明では、存在と無は内容を持たない完全な無規定態であるがために、それらは同じものとされたが、ヘーゲルはつぎの段階で、存在を無から区別するために、存在に規定性と内容を与えてしまい、無も存在との対立において「規定された概念」にされてしまった。シバーンによれば、このことは無規定態の考察において正当化できない段階を踏むことであるという。なぜなら存在の概念も、完全に無規定で内容を欠いているにもかかわらず、同じ内容を欠いた無の概念から区別されるために、ある内容をもった存在をすでに前提してしまっているからである。シバーンはここで、ヘーゲルの始元論の背景には、すでに哲学体系におけるなんらかの概念が前提されており、致命的な曖昧性が、論理学の個別の要素を演繹するのを正当化していると批判する。その曖昧性とは、完全に内容を充足すると同時に完全に空虚であることができるような鍵となる概念、絶対的理念や絶対精神である。シバーンは、これによって絶対的理念がある時点では内容を欠いたものであり、他方の時点では、内容の充足であるかぎりにおいて、矛盾の概念が見分けられなければならないと論じている。

つぎの第二論文、「ヘーゲル学派において矛盾原理が取り扱われる仕方について」(Om den Maade, hvorpaa Contradictionsprincipet behandles i den Hegelske Skole) は、その一か月後の、一八三八年の『ペルセウス』五月号に掲載された。第二論文は、アリストテレスにおいて成立した三つの思惟原理が、ヘーゲルの思弁論理学において不当に扱われていると批判し、十八世紀のデンマークの哲学者、ニールス・トレショウの『普遍論理学』に言及しながら、ヘーゲルの弁証法的媒介概念を批判する、という内容になっている。シバーンは、ヘーゲルの思弁論理学のなかで運動の推進力とされている「矛盾」の概念を批判し、ヘーゲルのいう「矛盾」は実際には矛盾ではなく、論理学上の「反対対立」の概念であると指摘する。この批判は、弁証法的思惟が扱う三つの思惟原理、同一律、矛盾律、排中律の一貫した内的導出において明らかにされる。シバーンによれば、弁証法的媒介は、一貫性の原理において、論理的な普遍性が担保されなければならず、それは移行や対立や変化といった、媒介の「連続的な流動性」(continuerlige Fluiditet) においても、一貫して思惟されなければならない。シバーンは、ヘーゲル論理学の媒介概念を吟味するために、それぞれ三つの思惟原理を補完する局面の原理、一致の原理、決定の原理から媒介概念の妥当性を考察し、最終的に矛盾原理の最高位が、いかなる思惟の運動のなかにも例外なく妥当することを論証する。これによってシバーンは、ヘーゲルの弁証法の矛盾概念を批判し、矛盾原理の普遍的妥当性と、排中原理の絶対的な妥当性が防衛されると主張する。

つづいて、第三論文「ヘーゲルが思惟に与える誇張された意義と彼が感情とそれにもとづく認識を位置づける不均衡について」(Om og i Anledning af den overvægtige Betydning, Hegel giver Tænkning, og det Misforhold, hvori han stiller Følelsen og den deri grundede Erkjenden 以下「感情論文」と略記) は、一八三八年の『ペルセウス』六月号に掲載された。この「感情論文」は、シバーンの心理学上の概念が多用されているので、第三論文を理解するために、可能なかぎりシバーン哲学から、認識論的な枠組みについて説明しておきたい。この論文は、論理学的な思惟の媒介に対して、心理学が対象とする直接性の意義を強調するために、感情と意志と共感（Sympathie）という三つの認識論の枠組みにおいて、意識における直接性の重要性を考察する。これら三つの認識は、シバーンの心理学における、直接的直観（Umiddelbare Anskuelse）、知的直観（intelligente Anskuelse）、共感的直観（Sympathiske Anskuelse）に区別され、直接性の自発的な統一を、「直観」（Anskuelse）のなかに求めることで、シバーンは、思惟の反省と媒介に対する総合的な統一を、信仰の認識に見いだす。感情、意志、共感の「認識」は、のちに「直観」概念として整理されるが、まず「感情論文」のなかでシバーンが言及する「認識」の意味を説明したい。シバーンが「感情論文」で言及する「認識」（Erkjendelse）とは、直接性の持つ自発的な統一であり、意識における真なるものとの関係において「みずからを付与すること」（gjorde sig gjeldende）が、認識の基本的な意味である。そのように心理学的な認識は、理念的な活動を行う人格性と、真なるものの直接的な付与が結合するところに、直観としての認識が成立する。

つぎに、シバーンは認識論の枠組みとして「直観」と「推論」（det Discursive）を区別する。三つの認識のうちの感情の認識は、経験における知覚の自発的な活動において直接的に知られている。それゆえに感情は、「直接的直観」と呼ばれ、シバーンは「直接性」のなかに知覚の自発的な働きを認めるために、直接性はヘーゲル的な媒介に対して下位に置かれることはない。シバーンによれば、むしろ感情と思惟は、「並行的」(collarerale) な関係を保たなければならず、どんな思惟の媒介にも、すでに直接的な直観が前提されているので、直観の直接的な統一なしには思考の媒介は働くことができない。その意味で、直接的直観における、主観と客観の純粋な統一にこそ、感情と思惟の「並行的」な関係が見いだされる。さらに付け加えれば、シバーン心理学が考察する直接性は、「主体性」の概念であり、主観と客観、認識する主観と認識される対象とが純粋な直観において、直接的かつ不可分に (umiddelbare og udelte) 統一されている。

この直接的な統一に、反省の作用が加わることによって、主体性に分裂がもたらされ、反省が主客の分裂を対立的にする。直接的な直観のなかには主観と客観の区別はないが、概念の能力としての活動が、意識のなかで「可能性」として現れると、主観と客観の区別が現れはじめ、純粋な直観のなかにはなかった可能性が、主観と客観の「不均衡」(det Misforhold) を生じさせる。その意味で、主体を分裂させる思惟の反省は、概念の能力に由来し、この概念認識が持つ推論の思考が、直接的な統一を分裂させる。シバーンは、真なるものを直接的に付与する感情の認識に対して、主観と客観が分裂する最初の不均衡について考察する。そのような不均衡は、純粋な直観のなかには見られなかったが、真なるものの探求において、偽なる可能性が現れるところに、主観と客観の分裂が始まる。この可能性は、直接性が付与される主観のもとに、偽なるものが受容されることによって起こる、意識の内部の二重化である。その結果、意識の内部に認識する主観と、認識される対象との区別が生じると、直接的な認識とは対照的に、真なるものに対してあいまいに把握する能力が、偽なるものを含んだ可能性として現れる。それが推論の能力を持つ、弁証法的な思考の特性である。このようにシバーンにとって、概念の能力を持つ弁証法的思考は、直接的に与えられたものの真偽を推論によって探求する思考であり、ここにはデカルトの思惟を誤って認識した、ヘーゲルに対する批判が前提されている。シバーンは、これらの前提を踏まえながら、ヘーゲルの体系のなかで、感情による認識が思惟の媒介に従属する仕方で扱われていると指摘し、一連のヘーゲル的な媒介概念の批判として、心理学的に展開されたこの「感情論文」をヘーゲルの論理学批判のあとに位置づけたのである。

4　アドルフ・ペーター・アドラー

最後に、後期デンマーク・ヘーゲル主義に属する特筆すべき人物として、アドルフ・ペーター・アドラー（Adolph Peter Adler, 1812-1869）を紹介する。一八一二年八月二十九日にコペンハーゲンに生まれたアドラーは、キルケゴールの一歳年上であり、デンマークのラテン語教育機関である国民道徳学校（Borgerdydskolen）では、キルケゴールの一年上のクラスに属していた。アドラーは学生時代からヘーゲル主義の促進に早くから関心を抱いた人物であり、一八三一年に当時ヘーゲル哲学が隆盛を極めていた、コペンハーゲン大学神学部に入学し、その後ヘーゲル哲学を学ぶためにドイツに留学した。その成果を一八四〇年に学位論文、「もっとも重要な形態における孤立した主体性」としてまとめ上げ、コペンハーゲン大学哲学部に提出した。哲学部の私講師となったアドラーは、その二年後に、ヘーゲル『大論理学』の存在論と本質論の注解書である『ヘーゲル客観的論理学の一般講義』(一八四二年)を刊行し、デンマークにおけるヘーゲル哲学の重要な伝達者となった。その後、国教会の神学試験に合格したアドラーは、ボンホルムの牧師となるが、ある夜にキリストが現れ、「これまで著したヘーゲル哲学に関する著作をすべて焼き払え」という神の啓示を受けたという、いわゆるアドラー事件が勃発した。精神錯乱に陥ったと判断した国教会は、アドラーに対して一時的に職務停止を命じたが、啓示の真正性を譲らなかったアドラーは、『説教集』のなかで啓示体験について証言したため、国教会のミュンスター監督によって一八四六年に罷免された。その経緯は、キルケゴールの遺稿として死後出版された『アドラーの書』において知られるとおりである。

アドラーの学位論文「もっとも重要な形態における孤立した主体性」は、一八四〇年六月十日にコペンハーゲン大学哲学部に提出され、口頭試問の試験官にはシバーンとマーテンセンが選ばれていた。当時のデンマークでは、ラテン語で学位論文を書くことが通例となっていたが、アドラーはその慣習をやぶって、デンマーク語で提出し、ヘーゲル主義者として主体性論を展開したことが、キルケゴールに先駆的な影響を与えたとされる。ヘーゲル哲学の強い影響のもとに書かれたこの論文は、二部構成であり、第一部は、「連結における思考と存在」(第一節―第四節)、「概念と理念」(第五節)、「主体性」

（第六節—第十節）、「孤立した主体性」（第十一節）からなり、第二部は「存在の単独性としての孤立した主体性」（第十二節—第二十五節）となっている。

第一部は、おもに存在と思考に関する問題が扱われる。思考が人間にとって生得的な存在だと考えるアドラーは、はじめに存在と思考の必然的な連結を主張する。アドラーは、このような主体性をとらえる根本前提を、デカルトのうちに見いだし、それ以上疑うことができない、コギトの必然的な結合こそが、ヘーゲルのいう「概念」だと主張する。概念は思考の推進力であると同時に、生の内奥の振動であるように、論理的かつ経験的に与えられたものであり、哲学の始元として、主体の自立的な運動を可能にする。一方で存在と思考を分離する弁証法的契機として、アドラーは意識の相関性を説明する。「真なるもの」を求めて経験的真理と一致する意識は、ある種の直観として、世界の認識を取り出すことはできるが、あくまで経験から思考と存在の統一を取り出す直観は、抽象的かつ一面的であり、概念の十全な統一にいたることができない。概念を基盤にして意識の相関性が統一されてこそ、存在と思考は絶対的に一致し、個別のうちに全体性を包括する、自由で自立的な主体性が確立するからだ。しかしアドラーは、特殊を契機にして個別のうちに普遍性を実現するヘーゲルの「概念」が、その実現過程において、普遍性の要素である客観性を否定すると暗示する。アドラーによれば、客観性は、普遍性と現実性の統一である理念において、不可分に結合していたが、概念が特殊を契機にして主体性を確立するためには、普遍性のエレメントである客観性が否定されるというのだ。概念が特殊を契機にして、客観性を否定すると、理念のうちにあった普遍性と現実性が分離し、客観性から分離した現実性のうちで、概念はもっぱら、自己の特殊な単独性を発展させることになる。こうして「個別性は主体性の表現であり、主体性はあらゆる客観性の否定である」というアドラーのテーゼが定立される。アドラーは、このような状態にある主体性を「孤立した主体性」と呼び、主体が単独性の発展において特殊の契機にとどまり、そこから自らを孤立させたままであるなら、客観性と和解することはできず、主体はあらゆる実定性を失うという。そのように、客観性から主体を分離させる意識という契機も、歴史的発展から見れば、限定されたある段階にとどまっている。その例としてアドラーは、超自然的意識を挙げる。歴史のある時点に出現した超自然的な意識は、そこから世界史が理解されることで、人類の文化的発展における契機を凌いだが、それを包括する視座がいまや実定性とそぐわないために、超自然主義的な意識は、孤立したままなのである。世界史の発展は必然的で、発展の契機は相対的な意味で妥当するが、その契機は、歴史のある時点で克服されたあとでは、すでに内容を失っている。絶対精神がその契機を過ぎ去るときには、個人において認識の諸段階しか追認できず、個人のなかに歴史的真理やその正当性がないために、主体はその包括的な意識において、今や孤立してしまっているのだ。絶対精神が過ぎ去ったあとの、孤立した主体性や単独性について論じたアドラーは、キルケゴールの先駆的な思想家だと見なされるように、後期のデンマーク・ヘーゲル主義になると、絶対観念論から実存哲学に移行する過渡期の思想が垣間見える。実存哲学の先駆者とされるキルケゴールの同時代には、このようにヘーゲル哲学と実存主義の思想史的な関係を媒介するような、思想家が登場することになる。

おわりに

十九世紀に成立したデンマーク・ヘーゲル主義は、デンマーク黄金時代の豊かな文化に育まれながら、ヘーゲル哲学の普及にとどまらずに、独自な発展を遂げた。そのヘーゲル理解は多様で豊かなものであった。ヘーゲル哲学は、デンマークのキリスト教社会にとって、教養主義と現実性の分裂を克服する真の解決であったのか、時代精神に対する思弁哲学の必然的な要請であったのか、絶対精神が過ぎ去ったあとの孤独な主体的真理であったのか、その理解は思想家によって異なる。私たちはヘーゲルやキルケゴールが生きた思想世界を紐解くことで、現代が直面する諸課題のヒントを得ることができるのではないだろうか。

推薦図書

Jon Stewart, *A History of Hegelianism in Golden Age Denmark*, Tome 1-2, C. A. Reitzel Publishes, 2007.
Carl Henrik Koch, *Den danske idealisme 1800-1880*, Gyldendalske Boghandel, Nordisk Forlag, 2004.

第2章 ドイツの文化哲学——カッシーラーからブルーメンベルクへ

はじめに　哲学的思考を文化へと開く

　あるテーマがとりわけ哲学の課題となる、ということは、何を意味するのだろうか。自明なものを疑ってみるのが哲学だ、と人は言う。しかし哲学史を振り返ってみるなら、すべての哲学者がすべての事柄について問うてきたのではない、ということにも気づく。むしろ、ある特定のテーマにこだわり、こだわり抜いた思考こそ、いまだに興味深いものが残っている、ということが多々ある。特別に選び取られた対象は、哲学的思考にとって、問わずにはいられない、という切迫性を持つものである。あるものを理性的に問う、と穏健に表現されることのうちにも、その対象が理性そのものに対する本質的な意味を持って現れてくる、ということがあるように思われる。

　哲学史においてはまた、それまで哲学的に問題とされていなかったある事柄が、突如として問われるようになる、という瞬間がしばしば訪れる。そこではある対象が理性にとって本質的な意味を持つことができたという意味で、理性的思考そのものが、ある変化を起こしている、と見ることもできる。とりわけ「文化」が哲学的に問題となる場面を理解するうえで、この側面を理解することは重要である。本章で取り上げる「文化哲学」が問うのは、神話、宗教、芸術、修辞学など、哲学の長い歴史においてわきに追いやられてきた事柄、あるいは弁論術のようにはっきりと排除されてきたもの、図像、象徴、隠喩などの感覚的な要素、あるいは私たちの日常生活を取り巻く「何でもないもの」である。これらが哲学の対象となる、ということは、実はけっして自明なことではない。歴史文化的な事象をあらためて哲学の舞台へと押し上げようとする試みには、それらを矮小化してきた哲学的伝統への反省と、その反省に従って新たに思考を組み立て直そうとする異議申し立てがある。

たしかに、「自然」と区別される、人間的な事柄一般に対して考えることは、つねに哲学の中心的な課題であり続けてきた。しかし「道徳」でも、「社会」でも、「歴史」でもなく、それまで排除されてきた「文化」という概念が取り上げられることで、哲学史の最初から定められてきた枠組みが、ふたたび問いへと引き戻される。その意義は、対象とする事柄の新しさにあるのではない。むしろ、思考の仕方そのものの刷新であり、文化を哲学するために、諸々の概念を新しく配置しなおすという前代未聞の試みにある。

伝統的な哲学的思考に対する根本的な疑いがある、という点では、文化哲学には他の現代思想の諸潮流と共通するところがある。とはいえ、「生の哲学」や「実存哲学」などの同時代的思潮と文化哲学を区別するのは、文化という概念に託された「形態的多様性」へと着目する態度である。文化哲学は哲学的思考を、一元化されることのない歴史文化的な形態の領域へと拡張させる。そこで目指されているのは、文化的な事柄を、「生」や「実存」といった人間存在の根源へと回帰させるのではなく、むしろ思考を文化的多様性へと開くこと、思考を囲い込む枠組みを問い直すこと、そのなかで変容する思考を引き受けることである。

このように見れば、文化哲学の歴史的展開は、実際に、その看板を背負った新カント派に限定されるものではないことが明らかとなる。一九一〇年に創刊され一九三三年まで続いた雑誌『ロゴス——文化哲学のための国際誌』(*Logos. Internationale Zeitschrift für Philosophie der Kultur*, hrsg von Georg Mehlis, 1910-33) は、まさにその象徴である。寄稿者はリッケルトやヴィンデルバントといった新カント派の代表者のみではない。ジンメル、フッサール、クローチェ、ルカーチ、ヴェルフリン、トレルチ、ヴェーバー、マイネッケ、クラカウアーといった学問の諸領域を代表する知性が、文化概念へと向かいあう。特有の時代的空気を失った現在では、その方向性を統一的に体感することはほぼ不可能である。そもそも、このいわば「哲学の文化的転回」は、雑誌『ロゴス』に集結した多彩な顔ぶれを見るかぎり、単純化して整理することのできないものであろう。

さらに二十世紀末以降、ドイツでは文化哲学を旗印として、諸々の研究と思索を組織化しようとする傾向が見られる。ラルフ・コナースマンを中心とするその動向の顕著な例として、二〇〇六年から年に二巻刊行されている専門誌『文化哲学』(*Zeitschrift für Kulturphilosophie*, hrsg von Ralf Konersmann und Dirk Westerkamp, Hamburg: Meiner, 2006-)、メッツラー社による双書企画「ハンドブック」の一環である『文化哲学ハンドブック』(Ralf Konersmann (Hg.), *Handbuch Kulturphilosophie*, Stuttgart: Metzler, 2012)、および研究者間の相互連携である「文化哲学ネットワーク」(Netzwerk Kulturphilosophie)(1) の形成などが挙げられる。このような注目の背景には、近年における文化学の隆盛、あるいは混迷するグローバリゼーションと、それに相反して伴う文化衝突の常態化などの、現代国際社会に特有の問題意識があるように思われる。多様化する文化的状況を正面から引き受ける「間文化哲学」(Interkulturelle Philosophie) もまた、コロニアリズム(植民地主義)とそれを正当化してきた西洋的思考に対する哲学的自己反省として、あるいは他文化の独自性の承認、文化間対話などのアクチュアルなテーマに根ざしている。こうした文化の複数性、多様性から哲学的理性を再構築する試みは、これからもなお大きな意味を持ちうるだろう(2)。

しかし、それらの現代的傾向とヘーゲルとの関連を問うことで、ここで注目したいのは、文化哲学が提供する文化理解のあり方よりも、それが持つ哲学の自己認識としての側面である。文化哲学の流れのなかで、ヘーゲル哲学はまず否定的な扱いを受けてきた。「現在」を中心とする目的論的な発展史観は、過程の意味を最終的に消失させてしまう、その代表がヘーゲル的な思弁的歴史哲学である、というのである。とはいえ、そのような批判的評価に偏ることで、哲学的思考を歴史や諸々の文化の考察へと開いたのは、ほかならぬヘーゲルであったということが忘れられてはいないだろうか。いずれにせよ、まずはそれぞれの主張を確認することによって、文化哲学特有の問題系を明確化すべきだろう。とりわけここではカッシーラー、およびブルーメンベルクを取り上げ、その展開を概観するとともに、彼らによるヘーゲル解釈を検討する。それをもって、議論をヘーゲルへと引き戻す準備としたい。

1 カッシーラーによる象徴形式の文化哲学

エルンスト・カッシーラー（Ernst Cassirer, 1874-1945）の哲学的出発点は二十世紀前半における新カント派の潮流に求められる。しかし「自然科学」に対する「文化科学」独自の論理を追求する「西南ドイツ学派」とは異なり、それらの区別を前提とせず、第一哲学として文化哲学を構想したことこそ、カッシーラーの功績である。三部からなる代表作『象徴形式の哲学』（第一部、一九二三年、第二部、一九二五年、第三部、一九二九年）[3]の序論「問題の提起」では、その基本的態度が、カント的理性批判からのさらなる展開として示される。

認識を対象の直接的な受容としてとらえる立場（模写説）では、自然法則や諸法則を統括する公理も、諸経験からいわば帰納的に導き出されるものとされる。ところが私たちが形成する対象の像は、たんなる受動的な写像ではなく、精神が自ら作り出した「象徴」（Symbol）である。この点への着目によって、科学の真理に関する問題は、対象を対象として成立させる主観性と、それが形成する概念による諸現象の統一という観点へと移行する。

この学問史上の転換を哲学において遂行したのが、カントの「批判哲学」である。認識論は、認識される対象から始まるのではなく、認識を成立させる主観性の法則を問題化することから始められる。こうした「思考様式の革命」とともに、カッシーラーがカントの思考の特徴として評価するのは、この分析の歩みが、『純粋理性批判』で問題とされた数学的・自然科学的認識にとどまらず、自由と道徳の問題（『実践理性批判』）、美や有機体の問題（『判断力批判』）へと漸次的に進展し、精神の全体性へと向かうことである。カッシーラーの文化哲学は、このようにカントによって準備された枠組みを十分に実現することにほかならない。「こうして理性の批判（Kritik der Vernunft）は文化の批判（Kritik der Kultur）となる」(4)。

しかしこの立場設定には、カント主義を超えた、人間的能力一般についてのカッシーラーによる独自のとらえ直しがある(5)。カッシーラーによれば、精神が事象を「客観化」し、「形態化」してとらえる方法は、科学的認識に限定されない。たとえば、芸術、神話、宗教なども、「図像」もしくは「イメージ」（Bild）によって、ことがらに独自の「形式」を与える。それらはすべて、精神の「根源的形成力」にもとづいている。諸々の「図像世界」は、精神の固有性を表現しつつ、それぞれ相互に還元できない自律性を持っている。したがって、諸々の「象徴形式」（symbolische Formen）として現象する精神のこの「自己開示」もしくは「自己啓示」（Selbstoffenbarung）の全体を、ひとつひとつとらえていくことが、精神とは何であるかという問いに対する答えとなる。先に見たように、カッシーラーの解釈によれば、カントの批判哲学もまた人間精神の体系を叙述するものであった。しかしカッシーラーの文化哲学的思考は、自然科学的認識を範とする「純粋理性の批判」から始まるのではない。むしろ認識能力にとどまらないより包括的な「精神」(Geist)を仮定し、その実現が形成する「体系」(System)の解明へと向かうのである。

2 カッシーラーとヘーゲル——文化の媒介と生の直接性

明らかなように、この問題設定にはすでに純粋なカント研究には還元できないものが含まれている。カントとの距離に比例して、カッシーラーの文化哲学は、むしろヘーゲルに近づいていくように見える。精神を「そのもの」としてのあり方ではなく、「形態」としての実現において認識するという姿勢、あるいは、芸術や宗教を経由して学問的認識へといたる、という議論構成は、主観的精神から歴史、宗教を経て絶対知へといたるヘーゲルの『精神現象学』を想起させる。それればかりではない。カッシーラーが「生の哲学」を批判するとき、その観点はすでにヘーゲルのヤコービ批判において先取りされていた、とさえいえるのである。ヤコービの「直接知の立場」は、真理としての存在を知るのはただ「感情」だけであるとする。そのため、論理学的思考をはじめとしたあらゆる関係づけ、すなわち「媒介」(Vermittlung)に敵対的な態度を取る。しかしヘーゲルによれば、むしろヤコービの主張する「直接性」(Unmittelbarkeit)は、そうした対立構図によって制限され、有限化されているかぎり、無限なものとしての真理の名には値しない。そこでヘーゲルはあくまで媒介からの「回り道」を自らの哲学の場として選び取る。すなわち、「歴史」の過程を「精神の自己啓示」としてとらえることで、ヘーゲルは、カッシーラーに先立ち、歴史文化的な諸事象の探求を精神の自己認識と結びつけるのである。

ヘーゲルとカッシーラーとのもっとも明らかな親近性は、この直接性と媒介の問題設定、および媒介への定位という観点にあるといえよう。そのことは、「生」(Leben)の概念と、それに依拠する「生の哲学」(Lebensphilosophie)に対するカッシーラーの批判において明らかとなる。『象徴形式の哲学』の序論「問題の提起」の末尾では、つぎのように述べられる。[6] 生の概念は、いまや哲学的議論の中心となっている。そのことによって、主観対客観という伝統的な対立は解消されたが、いまやそこから新たな対立が生じている。生の真理はただ「その純粋な直接性」において与えられる。それに伴って、概念的把握はその直接的真理を脅かすものとして現れる。生は思考の媒介ではなく、根源へと飛躍する「純粋直観」によってのみとらえられる。このような立場からすれば、思考のみならず、象徴形式として形態化する事象もまた、否定的に把握されざるをえない。[7] ここに「〈文化〉と〈生〉のあいだの葛藤、絶えざる緊張」が生じてくる。

このような思想的状況を受け、カッシーラーはむしろ、その根源からの遠ざかりにとどまろうとする。たしかに、文化のあり方が多様化すればするほど、その統一をとらえることは難しくなる。しかしだからと言って、直接的生へと飛躍することはできない。哲学が思考を場とするかぎり、「神秘主義のパラダイス、純粋直接性のパラダイス」は閉ざされている。そうであれば、残る唯一の道は、文化の形成作用をあくまで追跡することである。ここで、哲学的思考は根本的に転換する。根源の直接性ではなく形態化の媒介に、哲学の目指すべき「多様の統一」を設定するというのが、カッシーラーのいう文化哲学固有の視点となる。

この議論にヘーゲルの面影を見ることはもはや難しいことではない。とはいえ、カッシーラー自身はヘーゲル的文化理解からも距離を取っている。同じく序論「問題の提起」によれば、たしかにヘーゲルは、精神をたんなる概念ではなくその具体的な全体としてとらえることを、それ以前のいかなる思想家よりも明確に要求していた(8)。ヘーゲルにとっても、精神の形態化とは精神の本性を明らかにする「自己啓示」である。しかし、その終着地として最終的に提示される「絶対知」は「論理学」の立場であり、現象の展開も「概念の自己運動における自己同等的リズムを表現する弁証法的方法の法則」へと一元化されてしまう。そこでは結局のところ、諸々の形態の独自性は消失する。このように、カッシーラーのヘーゲル解釈は両義的であり、そのためヘーゲルとの対決は、彼の文化哲学の核心を浮かびあがらせるのである。

3　想起の概念と現在中心主義に対する批判

カッシーラーは後年、ロンドンのウォーバーグ（ヴァールブルク）研究所における講演「文化哲学としての批判的観念論」(9)で、ヘーゲル『精神現象学』の最終段落（GW 9. 434f.）を引用し、彼のヘーゲル理解のポイントとなる論点に言及している。ヘーゲルによれば、「絶対知」は最終的に自己を「外化」(entäußern) する、すなわち自らの純粋概念としての形式を放棄して有限化することによって、自己を実在的な形態において認識する。それは「自己を他者において認識する」という絶対知の絶対性に対する究極的な証明となる。このような仕方で、ヘーゲルは絶対知以後の水準において実在的事象を対象とする哲学的認識への道を開いていく。

思考の諸規定を系列化する論理学とは異なり、歴史は「諸々の図像の画廊」として叙述される。時間的に存在する事柄は時間を超えて永続することができない。しかしその過ぎ去りは無へと消えていくのではない。そこではただ事象の感性的なあり方が取り除かれ、観念化されるかたちで保存される。そのなかで精神が自己の内でとらえるものが、図像として再生産されるのである。ヘーゲルのとらえる「想起」(Erinnerung) とは、まさにこの過程を表現している。すなわち「思い出す」という日常的語法に加えて、それ以上にヘーゲルはこの単語が形態的に持つ「内面化する」(er-innern) という隠された意味に着目する。歴史における精神の「内面化・想起」を、ヘーゲルはまた「精神の自己意識の夜に沈む」あるいは「自己の内へと行く」という言い方で表現するように、ここで強調されているのは、歴史がたんなる事象の時系列的再構成ではなく、精神がとらえ認容したものの観念化された再生産であり、その意味で、歴史とは、まさに「精神の時間」であり、精神が時間において明らかにする自己自身なのである。

カッシーラーが「思弁的」であると指摘するのは、歴史を精神の自己知という目標に従属させるこうしたとらえ方である。(10)精神が自己自身として見いだす諸々の像は、精神の「現在」へと奉仕すべきものとして目的論的に仕立てられている。だからこそヘーゲルは、歴史を「絶対精神の内面化・想起とゴルゴダ」、あるいは「精神の玉座の現実性、真理、確信」を形成するための「概念的歴史」として規定することができた。結局それは、「絶対精神の孤独」を癒す慰みものにすぎない、とカッシーラーは断罪するのである。(11)

4　ブルーメンベルクの隠喩学

ヘーゲル的な想起・内面化の思弁は、過去を現在化し、そこにつなぎとめる。それに対しカッシーラーは、現在を過去へと開こうとする、といえようか。ともかく、こうしてヘーゲルの「現在中心主義」を非難したわけであるが、奇しくもカッシーラー自身、後世において同様の批判を浴びることになる。本節ではハンス・ブルーメンベルク（Hans Blumenberg, 1920-1996）を取り上げ、その思索の核心である「隠喩学」（Metaphorologie）から、さらに彼のカッシーラー批判を介して、文化哲学におけるヘーゲル問題を再考したい。

「メタフォロロギー」というこの言葉を文字どおりに受け取るなら、もちろん言語学あるいは修辞学における「メタファー」（隠喩）の理論がまずは想定されるだろう。隠喩とは、ある抽象的な事柄を具体的なイメージによって間接的に表現する修辞学的技法である。とすれば、ブルーメンベルクが企てるのは、概念の明晰さに隠喩の具体性を対置し、哲学史において支配的であった概念的思考に対して、いわば感性的・イメージ的思考を復権させることである、と言えるのだろうか。たしかにそのように思わせる考え方が、隠喩学の綱領であり導入である『隠喩学のためのパラダイム』[12]には見られる。

ブルーメンベルクが隠喩に対してもっとも注目している特性は、それが、概念や概念的説明には還元しきれない過剰な部分、あるいはそれに起因する絶対的な自律性を持つという側面である。感性的表象によって指示される対象の持つ意味を、つねに一定かつ同等のものとしてとらえることはできない。たとえば、「光」[13]は哲学史において重要な位置を占めてきた隠喩であるが、それが神による照明なのか、あるいは人間理性が持つ「自然の光」なのかは、個々の時代的文化的な文脈や世界観に関わっているから、その表現の成立には一義的に決定されない余白がある。あるいは、そもそも「光」が真理を指示する語として機能しうるということ自体もまた、歴史的に生成するものであり、賞味期限を持っている。ブルーメンベルクは、このように哲学的言説において特権化され、哲学的思考そのものを方向づけてきたいくつかの特権的な隠喩を「絶対的隠喩」(absolute Metaphern)と呼ぶ。[14] たとえば、洞窟、目・耳、衣服、機械・有機体、時計、海、航海、本、爆破、痛み、森、復活、火、道、建物、劇場など、それらは決定的な場面において哲学者の口から発せられてきた。それらは乾いた哲学的言説に彩りとして添えられるだけのものではない。「語りえないもの」について沈黙するのではなく、大いに語ってきたのが哲学の歴史なのである。

隠喩は思考とその歴史における外部への裂け目であり、言説の限界、言説の究極するところにおいて語られる。それは感性的世界への通路でありながら、現実そのものへといたるものではなく、すでに現実からの遠ざかりであり、現実の変容である。それは「象徴形式」として独立して形態化するものではなく、あくまで哲学的言説において、明晰判明な意識に還元されることのない位置価を持つ。それは主体の自己意識にとって意のままにならず、それでいて思考を方向づけるような、与えられた非概念的な諸々のコンテクストである。しかもそれは一定のものとしてとどまることがなく、変化を常態とする。すなわち絶対的隠喩は、独自の歴史的変遷を持つのである。[15] 起源ではなく変容への着目ということの点でブルーメンベルクの問題意識はカッシーラーと共通するが、絶対的隠喩は象徴形式のように客観化、形態化するものではない。それはただ概念的思考の「触媒」[16] として機能し、そのかぎりで実在性を獲得する。

このような着想から、ブルーメンベルクの構想する隠喩学の基本的態度が理解される。それは、言語学が試みるような、すべての文化と時代に共通する修辞技法を対象とする「一般隠喩論」を目指しているのではない。あるいは、概念的思考に解消されない隠喩的思考の固有性を、内面的な観察により「意識の事実」として取り出そうとするのでもない。隠喩の媒介が歴史的に哲学的理性の活動する場へと織り込まれるのだとすれば、それを明らかにするためには、意識の立場へとどまり、事象へと直接的に立ち向かうことはもはや得策でない。むしろその歴史的変容という「迂回路」をたどるために、ブルーメンベルクは哲学的言説の歴史を隠喩学の仕事場として選ぶのである。

さらに注目すべきなのは、隠喩学の対象が、狭義の言語表現としての隠喩にとどまらない、ということである。哲学的言説においてそれ固有の概念形成に寄与しているという側面からすれば、たとえば「神話」もまた絶対的隠喩としての性格を持つ(17)。『神話の変奏』において主題化されるのは「プロメテウス神話」であるが、隠喩学が扱うのは、神話そのものの分析ではなく、それが哲学の歴史においてどのように受け入れられ、読まれ、解釈されてきたか、という受容の歴史である。あるいは、古代ギリシアの哲学者タレスが星空を眺めていて溝に落ち、それを見ていたトラキア人の女性に笑われた、という「エピソード」の受容史もまた隠喩学の対象である(『トラキア人の笑い』)(18)。さらに、科学的言説もまた、世界観へと入り込み、それを内側から形成するという展開を持つ(『コペルニクス的宇宙の生成』）[19]。さらには「世界」などの概念も、たとえば「コスモスとしての世界」という仕方で隠喩的に使用される。

こうした隠喩学の枠組みは、すでに初期の『隠喩学のためのパラダイム』に提示されていたものであるが、後年には「非概念性の理論」（Theorie der Unbegrifflichkeit）という名称によって、その狙いがより大きな枠組みから整理される[20]。たしかに、それに伴ってゲーレンなどの「哲学的人間学」からの影響が表面化し、隠喩表現の根拠を、「欠如存在」（Mängelwesen）としての人間が不可避的に遂行する「現実の絶対主義からの距離化」（Distanzierung aus dem Absolutismus der Wirklichkeit）[21]と定式化するようになるなど、人間学的な一般性を前提とするかに受け取れる主張が目立つようになる。しかし、それによって隠喩学による歴史探求の意義が失われているととらえるべきではないだろう。むしろそうした人間学的言及は隠喩学の結果であり、また翻って、隠喩学の歴史記述を支えるものであるという循環関係の方法化が、ここにはあるように思われる。しかしこうした「解釈学的循環」を彼の議論に認めることは正しいのであろうか。

5 ブルーメンベルクとカッシーラー——認識の倫理と精神の自己知

いずれにしても、隠喩学の試みには決定的な転換が示されている。隠喩と概念、すなわち非概念的なものと概念的なものとの関係に問題の主眼があるということ、そして探求の手がかりは起源ではなくその変容にある、ととらえることにおいて、ブルーメンベルクの思索が文化哲学的領域に属している、と考えることは十分に可能だろう。そのように見ることによって、先行する文化哲学者との共通性のみならず、その差異もまた理解される。

カッシーラーは、神話的形式から科学的認識の形式への発展を把握することで、精神の諸形式を体系として統一的に把握した。それによって哲学は、哲学的探求を外へと開くための端緒を得たわけであるが、それはヘーゲルによる精神哲学と軌を一にするものであった。ブルーメンベルクが講演「エルンスト・カッシーラーを讃えて」[22]で指摘したのが、まさにこの点に関わっている。『象徴形式の哲学』は諸々の象徴形式の独立した価値を説きながら、まさに歴史を自己実現の手段とするヘーゲル的な「理性の狡知」(List der Vernunft)と同様に、最終的にそれらを精神の自己認識という課題に奉仕させている。[23]探求の判定基準となるのはあくまで精神の現在である。しかし歴史文化的な事象への探求にとって重要なのは、そこに自己を見いだし、認識の安心を得ることではない。むしろ、「空間と時間の偶然性が持つ不快さとともに生きる」ということ、「その堪え難さが解消されないという意識」[24]を抱え続けるということが、歴史文化へと向き合ううえで固守されなければならないのではないか。[25]このように、ブルーメンベルクは歴史探求におけるいわば「認識の倫理」(Ethos der Erkenntnis)を訴えるのである。

先に見たように、ヘーゲル批判を梃子として、歴史文化的探求における現在中心主義を批判していたのはほかならぬカッシーラーであった。それと同様の批判が、またしてもヘーゲルの「理性の狡知」と結びつけられ、カッシーラー自身に跳ね返ってくる。ヘーゲルによって刻印された現在中心主義という問題が、文化哲学の歴史において絶えず新たに回帰し中心化する。ブルーメンベルク的隠喩学もまた、それが文化哲学の試みであるかぎり、この「ヘーゲル問題」と対峙するよう迫られている。

6 文化哲学の転回としての隠喩学——哲学的言説における非概念的なもの

問題を共有しながらも、カッシーラーとブルーメンベルクのあいだには哲学の方向性に関する根本的な対立があるように思われる。カッシーラーの場合、文化的諸事象を象徴形式として把握し、現象の多様性を精神の自己啓示という観点において統一的に体系づける。そのことで企てられているのは、精神の自己認識であった。この基本的な哲学的姿勢において、探求はすべての歴史文化的事象へと開かれる。このようにして哲学は、自己の外へと向かうことで自己を知る、というあり方を獲得する。そして哲学的認識による自己を探す旅の終着地は、図像と概念の同質性と連続性をとらえ、人間の全体的同一性を具体的に理解することに求められる。

それに対し、ブルーメンベルクの隠喩学を支える第一の主張は、概念へと還元しえない絶対的隠喩が存在する、ということであった。まさにこの点において、非概念性の理論としての隠喩学は、概念と図像の同質性を設定する象徴形式についての哲学とは袂を分かつ。絶対的隠喩の非概念性は、概念的であるべき哲学的言説の方向性を潜在的に左右する。その視点に立つブルーメンベルクの思考は、カッシーラーのように哲学の外部と目される芸術、神話、宗教、あるいは他文化へと旅立つのではなく、むしろ西洋哲学の歴史を掘り下げていく系譜学となる。すでに伝統として自明化されているはずのその歴史のなかでブルーメンベルクが出会うのは、象徴形式として形態化する精神の自己ではなく、形態化されない思考の他者、図像的言語としての隠喩である。

カッシーラーとブルーメンベルクの両者に共通するのは、哲学的思考を概念の支配から解放し、文化的コンテクストとして広く規定できる要素に思考を開くことである。しかしその開き方が両者のあいだではまったく異なっている。ブルーメンベルクによれば、思考の外部はその外にあるのではなく、むしろその内部に見いだされる。だからこそ、その要素を分析することは、自己認識としての哲学的な意味を持つのである。文化哲学が哲学的言説へと向きを定めたことは、その決定的な転換である。先にみた「認識の倫理」もここから導き出される。自己を自明視するのではなく問いへと引き戻すこと、思考の自律性を崩す絶対的隠喩を視野に入れることは、自己を他なるもののもとに保つことであり、自らの思考の局所性の自覚に伴う不快さ、堪え難さを抱え続けることへと接続する。

ここから、先に疑問視した隠喩学と哲学的人間学との関係も推し量ることができる。歴史文化的探求と人間学的主張の循環は、ヘーゲルあるいはカッシーラーのような精神哲学の調和へと導くものではない。その認識は、精神の自己を証言するものではなく、探求はまだ終わりではない、ということを告げ、それを休ませることなく駆り立てるものなのである。そのため解釈学的循環に予想される調和は、ここにはもはや存在しない[26]。

ブルーメンベルクがヘーゲルに言及することは意外なほど僅かである[27]。しかしながら、カッシーラーを媒介とすることで、間接的にではあるが、その議論の影にヘーゲルの姿を見て取ることができた。しかもそれは現在中心主義に対する批判ばかりではない。カッシーラーと同様に、事象へと行きつ戻りつするブルーメンベルクの思想にも、直接性あるいは直接的な起源への批判、それに伴う媒介への定位、という側面が見られた。そこに私たちは、ヘーゲルによって切り開かれたものを認めることができるのではないだろうか。彼らは自らの哲学のあり方を「回り道」として選び取ったのであるが、それこそ文化哲学の要諦にほかならないのである。

おわりに　ヘーゲルの文化哲学？——文化的コンテクストと哲学

文化哲学的観点からのヘーゲル批判に確認されたのは、歴史文化的な現象の考察の基準を現在の視点に求めることに対する異議であった。この批判によって、文化哲学的な自己認識は、現象を自己化するのではなく、自己を現象へと開くという哲学の方向性を確固たるものとする。ヘーゲル的精神哲学への批判は、こうして文化哲学的な態度決定と密接に結びついている。

しかしそうだとすれば、この知的努力はいまだ哲学でありうるのだろうか。あるいはそれ自体、哲学であることを欲するのであろうか。ブルーメンベルクを通して、西洋哲学史における言説が探求のフィールドとして特権化されてきた。それは認識の倫理を強調するあまり、その慎み深さがあるいは所与的なものの即座な肯定へと繋がってしまうこともあるのではないか。だとすれば、「西洋文化」という伝統の枠組みが自明なものとして囲い込まれるだろう。自己の認識の局所性と偶然性を耐え忍ぶという態度が、いつの間にか、自己を忘却し、心地の良いものに居座ることへと転化することも否定されない。

これらの疑念を解くには、隠喩学の全体が詳細に追跡されなければならない。しかしそれと同時に、私たちにはふたたびヘーゲルへと立ち戻ることも可能であるように思われる。文化哲学の系譜を支配していたのは、(生、現在の)「直接性」と(文化、非概念的なもの、コンテクストの)「媒介」という対概念の道具立てであった。それをはじめて哲学的議論のうちで有効化し、「根源へ」という哲学の従来の方向を向けかえたのは、ほかならぬヘーゲルである。ヘーゲルにとっては問題があくまで哲学的自己認識にある、ということはたしかである。しかしそれでも、ヘーゲルの哲学は、文化へと開かれるかぎりで可能となる自己認識を目指している。歴史文化を知ることで自己を理解する、という哲学のスタイルには、文化学・歴史学との超領域的な共同作業へと繋がる道が開けている。今日なお可能な哲学のあり方を模索し、哲学と諸学問の境界を批判的に問い直すべきであるとすれば、それを結果的に受け入れるかどうかは別として、ヘーゲル哲学以上にその課題へと迫るものはないはずである。にもかかわらず、ヘーゲルの現在中心主義が繰り返し非難されるたびに、彼の「媒介の思索」が持つ意義は批判の影に埋没してきた。そうした問題意識のもとでヘーゲルを読解することは、いまだ十分になされてはいないのである。

推薦図書

Ralf Konersmann（Hg.）, *Handbuch Kulturphilosophie*, Stuttgart: Metzler, 2012.

Ralf Konersmann, *Kulturphilosophie zur Einführung*, Hamburg: Julius, 2003.

カッシーラー『人間——シンボルを操るもの』宮崎音弥訳（岩波書店〔岩波文庫〕、一九九七年）（Ernst Cassirer, *An Essay on Man: An Introduction to Philosophy of Human Culture*, Yale University Press, 1944）。

ハンス・ブルーメンベルク『われわれが生きている現実——技術・芸術・修辞学』村井則夫訳（法政大学出版局、二〇一四年）（Hans Blumenberg, *Wirklichkeiten in denen wir leben*, Stuttgart: Reclam, 1981）。

村井則夫『人文学の可能性——言語・歴史・形象』（知泉書館、二〇一六年）。

第3章 アメリカのプラグマティズム——クワインからブランダムへ

はじめに

「プラグマティズム」ということばをご存知だろうか。哲学史に詳しい読者なら、このことばをチャールズ・サンダース・パース（Charles Sanders Peirce, 1839-1914）、ウィリアム・ジェイムズ（William James, 1842-1910）、そしてジョン・デューイ（John Dewey, 1859-1952）の三人の哲学者の名前とともに記憶しているかもしれない。彼らは一九〇〇年を挟む時期に、独立から約一世紀後の、哲学においてはまだ後進国であったアメリカで新たな哲学の潮流を創りだした、偉大な哲学者たちである。

それでは、「ネオ・プラグマティズム」ということばについてはどうだろうか。また、この潮流に含まれる、ローティ、パトナム、マクダウェル、ブランダムといった哲学者たちについてはどうだろうか。おそらくこのことばは、そしていま挙げた思想家たちは、近年では「古典的プラグマティズム」という呼び方が定着しつつある源流の「プラグマティズム」と比べると、それほど有名ではないと思われる。近年になって、この思潮を紹介する書物が本邦でも現れ始めているが、本書ではじめてこのことばに触れた、という読者も少なくないかもしれない。

そこで本章では、ネオ・プラグマティズムに馴染みのない読者も、安心して読み進められるよう、そもそもネオ・プラグマティズムとは何かということを簡単に説明することから始めたい。その後、ネオ・プラグマティズムを標榜し、同時にヘーゲルからの影響を公言する異色の言語哲学者ブランダムの思想について詳しく論じる。これによって、現代アメリカにおけるヘーゲル受容の最前線に触れることができるだろう。

1　ネオ・プラグマティズムとは何か

ネオ・プラグマティズムとは何かを説明するまえに、そもそも、「ネオ」のつかないプラグマティズムとは何かを確認しておこう。プラグマティズムとは、「有用性」や「実践」を重視する一群の思想のことである。アメリカにおけるはじめての独創的な思想として紹介されることも多い。しかし同時に、つぎのことを付け加えなければならない。この思想は、西洋哲学の伝統から切り離して理解されるべきものではけっしてない。むしろ、西洋哲学の伝統的な諸問題との格闘の末に到達された思想である。この点を正確に理解せず、「有用性」や「アメリカ独自の哲学」といったキーワードだけに注目してしまうと、プラグマティズムは、西洋哲学の伝統を無視して役に立つものを追い求めようとする浅薄な思想であるといった誤解に陥ることになる。

古典的プラグマティストたちにとっての最大の関心事は、真理とは何か、また、確実な知識とは何か、という問題であった。彼らはこの問いに答えるために、「有用」という概念に訴える。プラグマティズムのスローガンとして、「それは真理であるから有用である」や、「それは有用であるから真理である」といったジェイムズのことばがよく知られている。(1) このことばを理解するうえで、これが「真理とは何か」という西洋哲学の伝統的な問題を共有したうえで発せられていることばだということに注意しておく必要がある。プラグマティズムは、たんに有用性を重視する実学志向の思想ではなく、真理とは何かという伝統的な問いに、有用性という観点から答えを与えようとする試みなのである。

古典的プラグマティズムの特徴がわかったところで、ネオ・プラグマティズムへと進みたい。しかし、ことは一筋縄ではいかない。ネオ・プラグマティズムを理解するには、古典的プラグマティズムの隆盛のあとに英語圏の哲学がたどった歴史を知る必要があるからである。ネオ・プラグマティズムの代表者であるリチャード・ローティ（Richard Rorty, 1931-2007）は、その源流としてルートヴィヒ・ウィトゲンシュタイン（Ludwig Wittgenstein, 1889-1951）、ウィラード・ヴァン・オーマン・クワイン（Willard van Orman Quine, 1908-2000）、ウィルフリド・セラーズ（Wilfrid Sellars, 1912-1989）の三人の名前を挙げている。(2) ここではクワインを中心に、二十世紀のアメリカにおける哲学史を概観しよう。

アメリカで古典的プラグマティズムが誕生した時期は、ヨーロッパで言語や概念の分析を重視する分析哲学が誕生し、論理実証主義の運動へと結実しつつあった時期である。この論理実証主義の中心人物の一人であり、オーストリアのウィーンで活躍していたルドルフ・カルナップ（Rudolf Carnap, 1891-1970）が、ナチス・ドイツの興隆を背景に渡米・帰化したことは、アメリカ哲学史を語るうえで欠かせない事件である。この事件に象徴されるとおり、一九三〇年代のアメリカではヨーロッパの最新の思想である論理実証主義が輸入され、哲学界における主流派となっていた。

このような背景のもと、二十世紀中葉のアメリカで頭角を現したのが、クワインである。クワインはカルナップの薫陶を受けたアメリカ分析哲学界のリーダーである。その彼が、「経験主義の二つのドグマ」（一九五一年）という論文を著し、論理実証主義に反旗を翻す議論を展開した。またこの論文でクワインは、「徹底したプラグマティズムを支持する」と述べている。(3) クワインは古典的プラグマティズムの復興を目論んでこのことばを用いたわけではないが、その後のネオ・プラグマティズムの展開にとって、ここでクワインが「プラグマティズム」の語を用いたことには象徴的な意味があるといってよいだろう。

さて、クワインの「二つのドグマ」をきっかけに、また、イギリスにおける日常言語学派の隆盛とも共鳴し合うかたちで、分析哲学＝論理実証主義であった一九三〇年代までの状況は崩れる。その後の分析哲学は、イギリスやオーストラリアも含む英語圏全体を巻き込むかたちで、多様な展開を見せた。言語以外に扱われる話題が飛躍的に増えた百花繚乱の状況は、現在でも続いている。

「ポスト論理実証主義」ともいうべきこの時代背景のなかにネオ・プラグマティズムも登場する。その中心人物は、前述のローティである。クワインよりひとつ下の世代にあたる彼は、論理実証主義的な哲学への批判を一層先鋭化させ、哲学と科学、そして文学のあいだの境界は取り払われるべきであると主張した。そしてこの自らの思想の源流をジェイムズとデューイに求め、「プラグマティズム」と呼んだ。古典的プラグマティズムの後継者を自認する、ネオ・プラグマティズムの誕生である。また、ローティと同世代のヒラリー・パトナム（Hilary Putnam, 1926-2016）も、ネオ・プラグマティストに数えられる。彼は「実践」を重視する点でプラグマティストを自認する。しかし他方では、ローティの先鋭化しすぎた思想からは一定の距離を取り、批判も展開した。

ローティとパトナムをネオ・プラグマティズムの「第一世代」だとするならば、「第二世代」にあたるのが、ジョン・マクダウェル（John McDowell, 1942-）とロバート・ブランダム（Robert Brandom, 1950-）である。彼らはローティの遺産を受け継ぎ、プラグマティズムの新たな可能性を開く仕事を続けている。また、アメリカのピッツバーグ大学の同僚であり、ヘーゲルからの影響を公言している彼らは、「ピッツバーグ・ヘーゲリアン」とも呼ばれている。ヘーゲルのほかカント、フレーゲ、セラーズなどを扱った哲学史的な論文や著作も多い。

彼らネオ・プラグマティストたちの思想に共通する特徴は、一言でいえば、二元論への根本的な批判である。二元論とは、心と身体、主観と客観、事実と価値など、二つのまったく異なる原理を立てて物事を説明しようとする考え方のことで、西洋哲学の歴史においてしばしば現れたものである。たとえばローティもパトナムも、たんなる事実と、「善い」「悪い」のような価値のあいだの二元論を取り払うことをプラグマティズムの重要な特徴として挙げている。また、言語を徹底してその使用という観点から論じようとするブランダムの試みは、もっぱら言語の意味や認識に関わる理論哲学と、人間の行為に関わる実践哲学との二元論を克服する試みとしても理解することができる。マクダウェルの主著『心と世界』(一九九四年)も、主観と客観のあいだの二元論をどう克服するかという問題の検討に捧げられている。このように、彼らの哲学は、何らかの意味で前提されている二元論を克服するというモチーフに貫かれている。

二元論の克服というモチーフが取り出せるという事実は、ネオ・プラグマティズムとヘーゲルの接点を見いだすことを容易にしてくれる。ヘーゲルが生涯をかけて取り組んだのも、主観と客観の二元論を克服しうる一元論的な体系を構築する、という仕事だったからである。『精神現象学』でも『大論理学』でも、また『エンチクロペディー』においても、「絶対知」や「学問」の境地においては、主観と客観が統一された体系に到達できるとされている。このような彼の立場は、絶対的観念論と呼ばれることもある。

実際に、ネオ・プラグマティストたちの著作には、重要な箇所でヘーゲルが登場している。ローティは、『プラグマティズムの帰結』(一九八二年)や『偶然性・アイロニー・連帯』(一九八九年)において、彼自身が標榜する「アイロニスト」の源流にヘーゲルを挙げ、また、プラグマティズムとヘーゲルの類縁性を指摘している。マクダウェルも、主著『心と世界』で幾度かヘーゲルに言及しているほか、論文集『世界を視野に収めること』(二〇〇九年)には、ヘーゲルのテクスト読解を試みた論文が収録されている。

そうは言っても、限られた紙幅のなかで、それぞれに力点の異なる彼らの哲学を、しかもヘーゲルとの接点に目を配りながら紹介することは困難である。このため、本章では、もっとも新しく、かつもっとも興味深いヘーゲル解釈を展開しているネオ・プラグマティストとしてブランダムに注目し、彼の議論を詳しく取り上げてみたい。これにより、アメリカにおけるプラグマティズム的ヘーゲル受容の最前線が理解できるはずである。

2 ブランダムのプロフィール

ブランダムは、プラグマティストを自認し、同時に、ヘーゲルの重要性を強調する論考も多数発表している人物である。この意味で、「ヘーゲルとネオ・プラグマティズム」を論じるうえでもっとも重要な哲学者だといえる。

一九五〇年生まれのブランダムはイェール大学を卒業後、プリンストン大学で博士の学位を得ている。博士論文の指導教員は、ローティである。また、彼はプリンストン大学において、可能世界に関する実在論の擁護などの形而上学的な業績で知られるデイヴィッド・ルイス（David Lewis, 1941-2001）とも親交があり、大きな影響を受けている。一九七六年からはピッツバーグ大学で教鞭をとり、現在も同大学で教えている。加えて、彼の赴任当時のピッツバーグ大学には、ローティによってネオ・プラグマティズムの源流に数えられたセラーズがいたことも強調されるべきであろう。

ブランダムの主著は、一九九四年に公刊された主著『明示化』である。彼はこの大部の著作において、「推論主義」という立場を提唱している。さらに二〇〇〇年には、推論主義のエッセンスをよりコンパクトに提示する『推論主義序説』を著した。この著作については、邦訳も出版されている。哲学史に関する業績として、ヘーゲルを含む六人の哲学者を取り上げた『大いなる死者たちの物語』（二〇〇二年）、カントとヘーゲルに関する論文を多く含む『哲学における理性』（二〇〇九年）等がある。また、彼のホームページでは、『信頼の精神』と題するヘーゲルに関する著作を準備中であることが公表されており、草稿も読むことができる(4)。

ブランダムにおいて、プラグマティズムとヘーゲル解釈はいずれも、彼自身の言語哲学的な関心と緊密に結びついている。それゆえ次節以下では、彼自身の言語哲学的な主張に立ち入って、その内実と彼のヘーゲル解釈を結びつけながら紹介していきたい。

3　文の「使い方」と真偽の判定

ブランダムは、言語を道具の一種としてとらえ、それを使用して行われる「実践」の分析にもとづいて言語哲学の諸問題を解決しようとする。「言語を道具として使用する実践」という表現は少しわかりにくいが、具体的には、誰かに何かを伝えようとして主張を行うことや、誰かに何かをことばで尋ねることなどを指している。私たちは、この意味で、日常的に言語を道具として使用している。このように日常的な言語の「使用」や「実践」を強調する点は、ブランダムの思想のプラグマティズム的な特徴である。

言語を用いた実践のなかでも、彼はとくに「主張」という実践に着目する。彼の基本的な発想は、この主張という実践を分析することで、文が正しかったり間違っていたりするのはいかにしてか、また、そもそも言語が意味を持つとはどういうことかを説明することができるはずだ、というものである(5)。といっても、言語哲学に馴染みのない読者には、この問題設定そのものを理解することが難しいかもしれない。ここは重要なところなので、詳しく説明しておく。

はじめに「真」と「偽」という対になる言語哲学的な概念を導入しておく。言語哲学には馴染みがないという読者でも、これらの概念を数学の文脈で聞いたことがあるかもしれない。たとえば、「2たす3は5である」や「三角形の内角の和は一八〇度である」は真である。一方、「2たす3は7である」や「三角形の内角の和は三六〇度である」は偽である。言語哲学では、日常的に用いられるような文についても同様に真偽を問うことができると考える。たとえば、「ヘーゲルはドイツで生まれた」は真である。これに対して、「ヘーゲルは日本で生まれた」は偽である。このように私たちは、さまざまな文について、それが真であるか偽であるかを判定することができる。

それでは、これらの文の真偽の判定はどのようにしてなされているのだろうか。もっとも容易に思いつく答えは、「ヘーゲルはドイツで生まれた」という文は現実に起こった事態に対応しているが、これに対して「ヘーゲルは日本で生まれた」は対応していない、というものだろう。このように、現実に起こった客観的な事態との対応によって、文の真偽を判定できるとする考え方を、真理に関する「対応説」という。

この対応説は自然にも思えるが、実は大きな問題を抱えている。それは、この説明のなかで「対応」という新たな概念が現れていることに関わる。文と客観的な事態が対応しているとはどういうことだろうか。この問いに対して、「文が真であるということだ」と答えるならば、議論は循環に陥ってしまう。循環を避けるためには、「対応」とは何かを説明しなければならなくなる。しかしこれは容易なことではない。

さて、このような問題を回避するため、ブランダムは「主張」を基礎に据えたアプローチを取る。これについて説明しよう。私はいま「ヘーゲルはドイツで生まれた」と主張することが可能である。これはなぜだろうか。自然な説明として、この文が真だからだ、というものが浮かぶかもしれない。この説明では、真偽の判定が先になされ、そこから主張の可能性を説明するという順番が採用されている。このとき、たしかに主張可能性は真偽の概念によって説明されているといえる。しかし、すぐさま「それでは、真偽はいかにして判定されるのか」という、先ほどと同じ難問にぶつかってしまう。

ブランダムは、この問題を、説明の順序を逆転させることで解決しようとする。すなわち、彼によれば、私が「ヘーゲルはドイツで生まれた」という文を用いて主張という実践をすることができる、という事実の方が、文の真偽の判定に先立って成立している。そして、この事実が成立していることをもって、「ヘーゲルはドイツで生まれた」という文は真であると判定される。文が真だから主張できるという説明を逆転させ、文は主張可能だからこそ真だと言われる、とするのである。

この説明において、文と事態の対応をどう説明するか、という問題が巧みに回避されていることに注意しておこう。真であるとは、文と事態が対応しているということではない。そうではなく、文が真であるとは主張という実践のための道具として「使える」ということなのである。文が真であることを主張可能性から特徴づけるというこの提案は、プラグマティストたるブランダムの面目躍如といえる。

ところでブランダムは、この問題の解決方法は、たんにプラグマティズム的なだけでなく、ヘーゲル的でもあるのだという。どういうことだろうか。

そもそも、文と事態が対応するということをどう説明するか、という問題は、哲学史の伝統のなかに何度も登場し、ヘーゲルも生涯をかけて取り組んだ、主観と客観の二元論をいかに解消するかという問題に連なっている。ヘーゲルは、主観と客観をどう架橋するかという問題を立てた時点で、両者の分裂を避けることができなくなると考えた。この問題を回避するために、彼の論理学では、論理一元論ともいうべき体系の構築が目指されている。「文」と「現実の事態」のあいだの対応関係をいかに説明するか、という問題は、この主観と客観のあいだの関係をいかにして説明するかという問題の現代版なのである。

私たちにとってさらに興味深いのは、ブランダムにおけるこの問題の解決も、ヘーゲル哲学と結びついていることである。ヘーゲルは、主観と客観の対立を前提し、両者をいかにしてつなぐか、という問題設定自体を退けた。その代わりにヘーゲルは、主観と客観ははじめからひとつだったのだ、という説明をしようとする。これが、彼の論理学における一元論的な体系である。主観も客観も、論理そのものの展開をたどるなかであとから生まれてきたものである。こう考えれば、そもそも主観と客観をいかにしてつなぐか、という問題は生じない。こうしてヘーゲルは、主観と客観の分裂状態から統一へ、という説明の順番を逆転させ、統一された状態から主観と客観の区別へという順序での説明を企てる。ブランダムの哲学には、このような発想が受け継がれている。

4 推論から文の意味へ

ブランダムは、そもそもさまざまな文が異なる意味を持つのはいかにしてかも、「主張」という実践の方から説明できるのだという。

まず、さまざまな文の意味の違いがなぜ問題になるのかを、具体的な文で考えてみよう。「宮崎公立大学は宮崎県にある」という文と、「東京大学は文京区にある」という文は、それぞれ異なる意味を持っている。これに対して、「宮崎公立大学は宮崎県にある」という文と「宮崎県に宮崎公立大学はある」という文は、語順が異なるから別々の文であるが、それが持つ意味は同じである。当たり前のように思えるが、これがなぜかを説明することは、案外難しい。

たとえば、「宮崎公立大学は宮崎県にある」と「宮崎県に宮崎公立大学はある」は同じ事態に対応するが、「東京大学は文京区にある」はそれとは異なる事態に対応する、という説明はどうだろう。この説明では、先ほど苦労して排除した「対応」という概念がふたたび出現してしまう。したがってこのような説明は、先ほどの真理の対応説と同様の問題を抱え込むことになる。

ブランダムはここでも、文を道具として用いて主張をするという実践を重視して、この問題を回避する。ブランダムによれば、さまざまな文の意味は、主張という実践のなかでのそれらの文の使われ方が異なるということにもとづいて区別される。たとえば、私が、「宮崎公立大学は宮崎県にある」と主張したとしよう。このとき、私は続けて、「だから、宮崎公立大学は九州にある」と主張することができる。「宮崎県に宮崎公立大学はある」と主張したときにも、同様に続けることができる。これが可能なのは、「宮崎公立大学は宮崎県にある」という文と、「宮崎県に宮崎公立大学はある」という文の「使い方」が同じだからである。これに対して、「東京大学は文京区にある」と主張し、続けて「だから、宮崎公立大学は九州にある」と主張することはできない。この違いが生じるのは、「宮崎公立大学は宮崎県にある」と「東京大学は文京区にある」という文の「使い方」が違うからである。

それでは、文の使い方の違いはどこから生じるのだろうか。それは、「宮崎公立大学は宮崎県にある」や「宮崎県に宮崎公立大学はある」と「宮崎公立大学は九州にある」のあいだに存在する関係が、「東京大学は文京区にある」と「宮崎公立大学は九州にある」のあいだには存在しないからである。文の使い方の違いを生み出しているこの関係は、「推論」という関係である。私たちは、「宮崎公立大学は宮崎県にある」や「宮崎県に宮崎公立大学はある」という前提から、推論によって、「宮崎公立大学は九州にある」という結論を導くことができる。これに対して、「東京大学は文京区にある」と「宮崎公立大学は九州にある」のあいだには、そのような推論的な関係はない。この推論的な関係の違いが、主張実践における文の使い方の違いを生み出し、使い方の違いが、文の意味を生み出す。ブランダムはこのように論じ、自らの立場を「推論主義」と呼んでいる。

さて、さきほどの例では「宮崎公立大学は宮崎県にある」という文を前提として、「宮崎公立大学は九州にある」という結論を導いた。ここで、先ほど結論となっていた「宮崎公立大学は九州にある」を今度は前提として、さらに別の結論へと推論を進めてみよう。すると、たとえば「宮崎公立大学は日本にある」のような文が見つかる。私たちはこのような推論によって、次々と新しい結論へといたることができる。また、これとは逆に、前提へと遡っていくことも可能である。たとえば「宮崎公立大学は宮崎市にある」という文を前提とすれば、先ほど前提として用いられていた「宮崎公立大学は宮崎県にある」を、今度は結論として導くことができる。

同様のことは、他の文についてもいうことができる。たとえば、「宮崎公立大学は宮崎県にある」とのあいだには推論的な関係がない「東京大学は文京区にある」という文も、「東京大学は東京都にある」という文と推論的な関係に立っている。さらには、「宮崎公立大学は宮崎県にある」と、「東京大学は文京区にある」の両方と推論的な関係に立つ、「日本には大学がある」のような文もある。これと同様の分析は、私たちが用いるどんな文に関しても可能だろう。したがって、推論的な結びつきをたどるネットワークは、私たちが用いるすべての文を覆っている、ということができそうである。

ここまでの論点をいったんまとめておこう。文の意味は、文の使われ方によって決まる。そして、この文の使われ方は、その文と他の文とのあいだに存在する推論的な関係によって決まる。そして、この推論的な関係は、ネットワークをなして、私たちが用いるすべての文を覆っている。これらを考え合わせると、文の意味は、文全体を覆うような推論的な関係のネットワークのなかのどのような位置にその文があるかによって決まるといえる。つまり、推論主義において、文の意味は、全体論的に決まるのである。

ところで、ここにブランダムとヘーゲルの第二の接点がある。ヘーゲルは、たとえば『大論理学』

において、普遍・特殊・個別という概念の三つの契機をバラバラに取り扱ってはならないと繰り返し論じている。(6) また、『精神現象学』でも、たとえば「意識」章の「力と悟性、現象と超感覚的世界」の箇所において、諸々の現象を法則的なつながりのなかでとらえるべきだと主張している。(7) これらのヘーゲルの議論の根底には、概念や現象をひとつだけ取り出して理解することはできない、それらを理解するためには、全体のなかでのその位置を見定めなければならない、という全体論的な考え方を見いだすことができる。私たちが用いる諸概念や、私たちが認識する諸現象は、全体論的なネットワークをなしている。ブランダムはこのような全体論的な考え方を採用した点でも、ヘーゲルを高く評価し、ここに自らの哲学とヘーゲル哲学との接点を見いだしている。

5　推論の社会的次元

これまで、「宮崎公立大学は宮崎県にある」と「宮崎公立大学は九州にある」のあいだには適切な推論的関係があるが、「東京大学は文京区にある」と「宮崎公立大学は九州にある」のあいだには適切な推論的関係がないということを、説明抜きに前提としてきた。しかし、ここにもふたたび問いを立てることが可能である。二つの文のあいだに適切な推論的関係があるかどうかは、どのようにして決まっているのだろうか。

この問題に対するブランダムの答えは、それは社会的に決まるというものである。これを説明するためにブランダムは、ルイスに由来する「スコアつけ」という概念に訴える。ここで「スコア」ということばでイメージされているのは、たんなる得点表ではなく、より具体的な行動をも含んだ記録である。その都度の駒の動きが記録される将棋の棋譜のようなものをイメージするとよいだろう。言語を用いた実践、ブランダムのことばでいえば、「理由を与え求めるゲーム」に参加している私たちは、お互いがこの主張実践のなかでどのようなことをしてきたのかをチェックし合っている。たとえば、私が「宮崎公立大学は宮崎県にある」と言ったとする。このとき私は、「宮崎公立大学は九州にある」という主張をすることができるような状態にある。また、もし私があなたに「ということは、宮崎公立大学は九州にあるということですか」と質問されたなら、私は「その通りです」と言わなければならず、「そんなことはありません」と言ってはならないような状態にある。このように、私が何を主張するかに応じて、私がこの実践のなかで何を言ってよく、何を言ってはならないかに関する私の状態ないしゲーム内での「ステータス」というべきものが移り変わる。そしてこのステータスの移り変わりは、実践への参加者、つまり私やあなたを含む、言語を用いる人々によって、互いの「スコア」として記録される。

このステータスは、私がこれまでに主張してきた文が、他のどの文と適切な推論的関係にあるかということに関わっている。この点に着目すると、文を使用して行われるこの主張という実践のなかでの相互のスコアつけにおいて、適切な推論と不適切な推論を選別することができるように思える。ブランダムはこうして、適切な推論とそうでない推論の区別を、「スコアつけ」によって説明する。このスコアつけは、文を道具として使用する実践への参加者相互のふるまいによって成立するものだから、社会的なものだといえる。

スコアつけの実践については、相互的・社会的であることに加えて、もうひとつ強調しておくべきことがある。いま述べられた相互のスコアつけにおいて、これまでどのようなことをお互いが実際に述べてきたのかという歴史を通じて、私たちのステータスが決まっているということである。ブランダムはこのことを述べるにあたって、主張という行為が、暗黙のものの表現であるということに注意を促している。主張とは、私たちが頭のなかで何を考えているのか、また、どのような推論が可能だと考えているのかを表現することである。そして、何が表現されてきたかというこの歴史によって、私のステータスも、また、他の人々のステータスも決まる。したがってこの歴史から、文の推論的ネットワークや文の意味も決まっているということになる。

ところで、議論のこの段階にもヘーゲルからの影響がある。ブランダムはヘーゲルがおもに『精神現象学』で展開する相互承認の思想から重要な着想を得ている。お互いにスコアを付けながら行われる社会的な主張実践において、私たちは、自らの正しさを主張するための権限を持っている。しかしこの権限を持つためには、私たちは同じ実践に参加する他者の権限をも同様に承認し、もし自分が誤っていたら訂正の義務を受け入れるという責任を同時に背負わなければならない。ブランダムはヘーゲルの相互承認論をこのように解釈し、自らの理論のなかに取り入れている(8)。また、ここで私たちの権限は、一定の歴史的な背景を持ち、そのような背景に制約されて成り立っている。この議論も、ブランダムによれば、ヘーゲルがとくに『精神現象学』において提示していたものである(9)。こうして、相互承認と歴史性の二点も、ブランダムの理論とヘーゲル哲学の接点として挙げられる。

おわりに

本章では、「ネオ・プラグマティズム」という現代哲学のひとつの潮流と、ヘーゲルとの関わりについて述べてきた。ネオ・プラグマティズムは、一九〇〇年前後のアメリカで生まれたプラグマティズムを源流に持ち、同時に分析哲学における論理実証主義への内在的批判の登場をも背景に持って成立している。さらに、ネオ・プラグマティズムにヘーゲル哲学との親和性が見られることもしばしば指摘される。本章では、ブランダムの哲学とヘーゲル哲学の接点についても、詳しく紹介した。このユニークな思潮は、分析哲学と大陸哲学との対立という二十世紀後半の哲学的布置が崩れ、分析哲学が世界を席巻すると同時に、大陸哲学的な要素も取り込みながら自己批判的な議論を展開している現代の哲学の状況を象徴するものである。そこにヘーゲルからの影響が見られることは、ヘーゲルの洞察の色褪せない価値を証明しているといえるだろう。

推薦図書

Robert B. Brandom, *Reason in Philosophy: Animating Ideas*, The Belknap Press of Harvard University Press, 2009.

Paul Redding, *Analytic Philosophy and the Return of Hegelian Thought*, Cambridge University Press, 2007.

ロバート・ブランダム『推論主義序説』斎藤浩文訳（春秋社、二〇一六年）。

伊藤邦武『プラグマティズム入門』（筑摩書房〔ちくま新書〕、二〇一六年）。

岡本裕一朗『ネオ・プラグマティズムとは何か――ポスト分析哲学の新展開』（ナカニシヤ出版、二〇一二年）。

第4章

現代の英米哲学——ホネットからマクダウェルへ

はじめに

ジョン・マクダウェル（John McDowell, 1942-）[1]は、南アフリカ出身のイギリス人哲学者で、古代ギリシア哲学の研究から出発しつつ言語哲学や徳倫理学の分野で重要な意見を述べてきた。現在は、アメリカ・ピッツバーグ大学で活動している。

英語圏の哲学者でポスト・分析哲学、ネオ・プラグマティズム[2]と呼ばれる潮流に属するとされる人たちのうちには、近年、ドイツ観念論の哲学者を積極的ないしは好意的に受容し始めた人もいる。[3]マクダウェルについてはプラグマティズムの思想史的コンテクストで理解することが疑問視される場合もあるにせよ、彼もまたカントやヘーゲルに関連づけて自らの哲学を語っている。

だが、そもそもマクダウェルが語るヘーゲルは、私たちが理解しているヘーゲルなのだろうか。マクダウェルについての先行研究のうちで、たとえばレディングがマクダウェルのいうヘーゲルを私たちが理解するヘーゲルから区別していないように、[4]マクダウェルのいうヘーゲルを、私たちが理解しているヘーゲルと同一視しているものもある。しかしまた一方では、マクダウェルが自らの哲学を語るために哲学史を利用しているばかりか、（マクダウェル自身が認めてもいるように）歴史上の哲学者たちを「一種の引き立て役」にしているとも指摘されている。ブランダムもまた、マクダウェルがウィトゲンシュタインの影響（悪しき哲学的思考によって混乱してしまった病的状態を診断しそこらかの治癒を目指すことにこそ哲学の役割を見る立場）のもとで「カントおよびヘーゲルを、すでにこの診断的―治療的な、反―形而上学的な姿をとった企てに携わるものとして読んでいる」と指摘している。(5)

マクダウェルの描くヘーゲルは、私たちの理解するヘーゲルとは著しく異なっているように見える。実際、マクダウェル自身が「私は、あらゆる観点で自分をヘーゲルの忠実な弟子だと述べようとは思わない」(6)と語っていた。マクダウェルはヘーゲルに「異端的な読み」（HWV.147）を施して、どんなヘーゲルを描き出しているのだろうか。

1　マクダウェルによるヘーゲル解釈

マクダウェルのもっとも有名な著作『心と世界』では、ヘーゲルについての言及はけっして多くはないが、そこで言及されるヘーゲルは、マクダウェルが『心と世界』を要約する文脈のなかで現れてくる。マクダウェルは、のちになって『心と世界』でのカント解釈が不正確だったこと、つまり、カントのいう物自体を超感性的なものだと誤認していたことを認めるのだが、(7)『心と世界』ではつぎのようにカントとヘーゲルとを結びつけている。「もし私たちが第二の自然という真剣に活用できる考えをカントに備え付けるならば、事態は違うように見えるだろう。いまや私たちは、カントがのちには歪めていく洞察に十分な形を与えることができるのである」。そして、そのようにカントを徹底化する仕事を成し遂げた哲学史上の人物が、すなわち、「このように描写するのがもっともふさわしい業績を有する哲学者が……ヘーゲルなのである」（MW. 111）。

マクダウェルの場合、ヘーゲルは、人間が判断や推論を行う際の諸々の理由からなっているネットワークを表す「第二の自然」という概念に結びつけられている。『心と世界』とは別の論文でマクダウェルは、第二の自然に住まうとはどのようなことなのかを、つぎのように簡潔に定義している。「ある言語を行使できる力を習得すること、すなわち理由を論理的に言う空間のうちにあるということが、第二の自然を獲得することである」（HWV. 247）。本章で考察するとおり、マクダウェルのいうヘーゲルも「第二の自然」も、そのどちらもがマクダウェル独自の意味づけがなされているのであり[8]、その独自の意味はマクダウェルのテクストから読み取られるべきものである。

マクダウェルおよびマクダウェルが描くヘーゲルは、経験や概念という基本的な用語でさえ、ヘーゲル自身とは異なった意味で用いられている[9]。マクダウェルは、感覚的所与（つまり、意味づけされる以前の純然たる感覚のデータ）と概念的規定とが同時に、共同で作用していると考えており、すなわち、心と世界の関係、自発性と受容性の関係、概念と感性の関係は、相互に他方に対して還元不可能な関係だとしている。マクダウェルによれば、本来、心と世界のどちらか一方に偏ることなく「ヘーゲル的なバランス、両方の側面に独立と依存とを伴うバランスをとること」（HWV. 172）こそが肝要なのである。マクダウェルのいうヘーゲルには、このバランスにポイントがある。

フランクフルト学派のアクセル・ホネット（Axel Honneth, 1949-）が批判的に紹介するところによれば、『心と世界』のマクダウェルは「私たちの第一の自然を社会化および教化することから生じる事実によって、人間の〈第二の自然〉としてとらえられるもの[10]」に依拠する立場、すなわち「道徳実在論」の立場に立っており、「私たちの道徳的な信念や判断は、人間同士の主観的努力を反映するものではなく、実在それ自体の要求を反映する[11]」と主張するものと評されている。しかもホネットによれば、「マクダウェルは、認知的経験からよりも道徳的経験から出発している[12]」のであるから、その出発点からしてすでに不適切なのである。しかし、マクダウェル自身は、このホネットの指摘を否認して、それに反論している[13]。

マクダウェルの立場では、心と世界との双方は相互に対して開かれ応答し合って共同で作用するとされている。この見方にもとづいてマクダウェルがいうには、本来の「カントの狙いは、……諸々の制約が主観的であるのと同時にまた客観的でさえもある、ということを明らかにするところにある」（HWV. 75）。その本来の意図に従えば、「統覚に訴えることによって、私たちは直観の客観的意図と判断の客観的意図をいっしょに理解することができるようになる」（HWV. 71）はずだったのである。この点でマクダウェルは、カントの本来の意図を実現する役割をヘーゲルに見いだし、つぎのように述べている。「主観的なものと客観的なもののあいだの均衡、思想とその主観的事情のあいだの均衡を伴うこの考え方は、少なくともそれが欲するところにおいては、ヘーゲルが真正な観念論だと見なしたものであろう」(HWV. 75)。

マクダウェルは主観と客観の均衡、バランスこそが大事なのであって「実はどちらかの方向に優先性を探し求めるいわれなどない」(MW. 28) と述べている。このような立場でマクダウェルは、『精神現象学』の「自己意識」章の冒頭部分を解釈するときにも、つぎのように述べる。「〈自己意識で私たちは真理の国に入った〉とヘーゲルが言うとき、私たちはヘーゲルのポイントをつぎのようにカント的用語で表すことができる。すなわち、私たちは統覚的自発性の統一する力でどのように知を理解すればよいのかということがわかりはじめたのだ、と」(HWV. 153)。

そしてマクダウェルは、「自己意識」章の冒頭で自己意識の二重化が語られる個所についても、知のあり方こそが、そしてそれのみが問題となっていると考える。その際にマクダウェルは、生命としての自己意識が見いだす「もうひとつの自己意識」とは「文字通りに他の人の心、つまり異なる人間の自己意識のことではない、すなわち、それぞれが自己意識的存在であるような、ある人間と他の人間の相互的な実践的関係が問題なのではないと断定する。マクダウェルによれば、ここでは統覚的な自己意識と経験的な意識の関係こそが問題とされているのである。

このように、マクダウェルによる『精神現象学』読解が有する際立った特徴は、「自己意識」章の冒頭部分について相互承認論への導入という役割を排除するところにある。マクダウェルはこの部分をつぎのように描いている。「ヘーゲルがここで〈もうひとつの自己意識〉について語るとき、ヘーゲルが語っているのは」(HWV. 159)、二人の人間のあいだで生じる利害対立には関係のないことであり、むしろ「意識の教育のこの段階において意識にとって物事がどのようにあるか」(HWV. 160) ということである。マクダウェルは、主人と奴隷の弁証法についても通説とは異なる「異端的な読み」をしてみせる。

マクダウェルに言わせると、『精神現象学』の「注釈者たちは〈主人と奴隷〉においてヘーゲルがつぎのような議論をしていると見なしている。すなわち、自己意識的な諸個人は相互承認的な共同体においてしか存在しない」のであり、「尊重されない劣者による承認では、優者の自己確信を有効なものとはなしえない。だからこそ自己意識は、対等な者同士の共同体においてのみ、自身の確信に即した真理を見いだすことができる」(HWV. 154)。しかし、マクダウェルは「そのテクストは、そこではそんなことを言っていないように思える」(HWV. 154) と反論する。

マクダウェルの見方では、『精神現象学』の「自己意識」章の冒頭部分のテクストは、やはり「私がしている示唆に、すなわち本当はひとつの生物学的個体のみが働いているのだという示唆に適っている。死へ向かう格闘という描写は、単一な自己意識の側からなされる試みを、すなわち……〈自己意識の客観的な様相〉へのどんな依存をも否認することによって自分の独立性を確定しようとする試みを、寓意的に描くものとして働いている」(HWV. 161)。自己意識は、自分に対立している異他的な

「生命だとか、たんに非本質的に自らに関わりをもつにすぎないとして考えがちなものに対して」、本当はそれらに依存しているのであり、それゆえ「自己意識は独立的ではありえない」（HWV. 163）ということが重要なのである。

マクダウェルによれば、主人と奴隷の弁証法として知られる論述箇所は、実はそのことを示す「寓意的表現」となる。『精神現象学』の「自己意識」章の冒頭部のこの箇所については、多くの解釈者が相互承認へ向かう運動の萌芽の寓意を読み取ろうとしてきた。だが、マクダウェルに言わせれば、ヘーゲルのテクストを引き続き「その寓意の続きとして」読むならば、この寓意によって示されたことの背後にある「本当のトピックが、単一な個体が有する意識の、二つの側面である」（HWV. 164）ことが判明する。すなわちマクダウェルは、二つの生物学的個体が互いに争う支配―被支配の関係ではなく、「単一な個体」である自己意識が自らの内部で経験する出来事こそが、このテクストのポイントなのだと解釈する。

マクダウェルは、ヘーゲルにつぎのような主張を帰している。「私たちはつぎのことを主張するのを恐れてはいけない。すなわち、正しい種類の共同体的実践へと参入することは形而上学的な差異をなすことなのだ、と。……理由や理性に鑑みて振る舞うこと、つまり、共同体的実践という観念から切り離せない、まさしくその観念こそは、一人前の人間である一個人を、もはやたんなる生物学的特殊個体としてでなく、形而上学的に新しい種類に属しているような存在として……際立たせるものである」(HWV. 172)。マクダウェルによれば、そもそも自ら意思決定をする行為者であることは「共同体の生活という観念がもつコンテクストにおいて以外では可知的ではない」のだが、肝心なのはそれが「他の人々からの承認によって授与されることを含意するものではない」(HWV. 178)ということである。

さらにマクダウェルの語るヘーゲルは、理性的動物が住まう「第二の自然」と生物学的個体が住まう「第一の自然」とのあいだに線を引く。この断絶の主張はたんなる二者択一の要求ではなく、むしろ、第一の自然と第二の自然との双方に対して、他方に対して還元されない独自性をそれぞれに認めて、それらが共同で作用しているのだと見なすところにこそ、マクダウェルがいう「ヘーゲル的なバランス」の要点がある。

たしかに、ヘーゲルの『精神現象学』「自己意識」章の冒頭部分は、相互承認論への導入にではなく、自己意識の自立性と非―自立性との両契機を説明することに重点を置いた解釈[14]もあって、今日なお議論の盛んな箇所である。社会思想的な含意を意図的に排除しつつヘーゲル『精神現象学』の「自己意識」を読み解こうとすることで、マクダウェルの語るヘーゲルは、イェーナ時代初期に古代ギリシア的ないしはアリストテレス的な人倫共同体に社会の理想を見ていたヘーゲルに近いとも言えよう。

しかし、理性や精神など、『精神現象学』のその後の論述を度外視したそのヘーゲル像は、やはりヘーゲルの実像から離れたものだと言わなければならない。ただし、明確な意図をもってマクダウェルは敢えて「異端的」解釈を提示しているのであって、けっして過失によって読み間違えたわけではないということには注意が必要であろう。

2 「異端的な読み」の背景

マクダウェルは、潜在的でしかなかった理性的合意を道徳的あるいは社会的なコンフリクトを契機にして顕在化させるべきであるとするホネットのような発想を、根本的に却下する。一般に規範とは自己自身と同等な他者から承認を受けるプロセスを経てこそ合理的に妥当しうるものになると考えられることがあるが、そのような考えに対して、マクダウェルは複数の箇所で繰り返し反対している。前節で見たマクダウェルの「異端的な読み」もまた、規範の構成主義的理解を排除しようとするものであった。そこでつぎに、このマクダウェルの発想が有する背景を検討しなければならない。

マクダウェルによれば、「行為が意味をもつことは、行為が概念的能力を行使することである。そして概念的能力という観念は、共有された実践というコンテクストにおいてのみ意味をなす」(HWV. 178)。この引用箇所だけを見れば、ブランダムのヘーゲル解釈における「意味論的プラグマティスト・テーゼ」[15]と同じ発想が表明されているように見える。ブランダムがヘーゲル哲学に妥当すると考える「プラグマティスト・テーゼ〈私なら〈意味論的プラグマティスト・テーゼ〉と呼ぶもの〉とは、概念の使用がその内容を決定する、というものである」。だが、マクダウェルは同じ箇所でつぎのように補足している。「だがそのことは、行為がそういうものであるのは、実践において他の参画者によってそう見なされることによっている、と言っているのではない」。

もちろんマクダウェルの考えとは逆に、とくに道徳的な規範については、ホネットがマクダウェルを非難する文脈でコールバーグを参照指示[16]しながら論じているように、社会の成員それぞれが潜在的ないし暗黙的に有する合意を顕在化することにこそ進歩の基準を置くべきだとする考え方も有力である。だがそれでもなお、マクダウェルは潜在的に含意されている概念を顕在化させるという仕方での説明をそもそも不適切だと見なし、その説明方法が説明されるべきものに実際には内在的ではありえないと主張する。

こうして、マクダウェルによれば、顕在化の論理展開にどのようなことがらを用いるにしても、「そのような運用はどれも、そのような暗黙知の無限に多くの異なった事例のどれについてであっても、同等に良い顕示でもあることになろう」とし、たとえ暗黙知のなかに何らかの不変化的で恒常的なものがあって、それを「競合する候補事例を除外するために」活用できるとしても、暗黙のうちに存在しうる無限に多くの競合事例があるのだから、「運用の有限な集合では、それらすべてを除去することにはならない」(MKR. 96)。

マクダウェルの指摘は、想像力次第で別の競合する事例を想定できてしまう暗黙知という考え方では、手続きに恣意性が残るという点に向けられている。一般的にも、当事者同士が潜在的に共有する合意を顕在化する可能性に訴える仕方は、それがたんに経験から得られた結果からの帰納的手続きだけによってなされるなら、偶然性を排除しきれない。したがって、右の引用箇所は、「言語運用の有限な集合が私たちにとって手に入るすべてである」(MKR. 96) と続いていく。マクダウェルにとって言語こそは、しかも私たちのもとで現在通用しているこの言語こそが、すでに私たちの手元にあって利用可能な判断材料や基準をもたらす規範の根拠なのである。

暗黙知という考え方に依拠して潜在的な概念が自ら顕在化するかのように説明することは、マクダウェルに言わせれば、せいぜいのところ「あと知恵」[17]にすぎない。それは、本当は「生のままの概念化されていない情感」でしかないものを、すでに任意の概念を含意しているものと見せかけることで、その概念を不当な推論で導き出そうとするものである。そこでマクダウェルは、「そのことは、私が拒否し続けることにしていたもののひとつであり」、この拒否を「もしもヘーゲルが共有していないのだとしたなら驚きだ」[18]と語っている。こうして、マクダウェルがヘーゲルに帰している考え方では、潜在的な規定が事後的に学問の境地から顕在化することによって概念の意味が解明されるという方法は拒否される。

また、マクダウェルが『心と世界』のなかで人格の陶冶・成長を意味する「教養形成」(Bildung) ということばをドイツ語で用いるときにも、注意深く読めば、マクダウェルの意図が狭義のヘーゲル哲学やドイツ観念論のコンテクストにもとづかないことも見えてくる。マクダウェルはつぎのように述べている。「何らかの被造物が理由の空間に精通して生まれてくるかもしれないなどと仮定することは、明らかにまったく不可解である」が、そうであっても、「しかし、人間の通常の成熟で中心的な要因である〈教養形成〉という考えにおいて、私たちが言語の学習に誇りある地位を与えるならば、それで私たちは難なくやっていくだろう」(MW. 125)。この引用箇所はマクダウェルが言語に与えている格別の地位と、それにもとづく彼独自の展望を暗示している。

マクダウェルからすれば、個人のあいだでなされる交渉は、すでに先行して存在するルールが言語共同体内部で有効でなければ合理的な交渉も修正もなされない。「規範は合意形成を超越するものだ」(EL. 220) とマクダウェルが述べるとき、彼は言語共同体の存在を想定して議論している。つまり、言語を習得して日常的なコミュニケーションの能力を身につけることが、同時に、その言語共同体の道徳を身につけることでもあるとされ、規範の共有もまた可能になるとされている。

マクダウェルは個人としての自己に対して、それが帰属する「私たち」ということばで呼ばれるものが成り立つ以前に想定されるような、たんなる負荷なき「私とあなたというだけのあり方で、共有された言語がなくとも、つまり私たちに属する何かがなくとも、可知的な仕方で自分たちを構成し始める位置につくことができるのか」(EL. 148f.) と懐疑の念を示している。

マクダウェルの見方では、交渉の相手を適切に理解できる能力は、個人レベルの最小限の社会性である「私―あなたの社会性」ではなく、歴史と伝統から不可分であるような言語共同体レベルの「私―私たちの社会性」を必要とする。「私―あなたの社会性」も「私―私たちの社会性」もは、ヘーゲルの『精神現象学』にではなく、マクダウェル自身がいうように、ブランダムの著作に由来している。[19]さらにマクダウェルはガダマーに依拠しながら、個人に先行して存在する伝統に言語はもとづくのだと強調し、その文脈で、「私―私たちの社会性」を「私―あなたの社会性」に優先すると述べることでブランダム批判を試みている。ただし、そこでのマクダウェルの理解はブランダムの意図に沿ったものではない。マクダウェルは、「私―私たちの社会性」が成り立つためには言語の運用能力が必要であり、その能力を身につけることがひとつの言語共同体の一員であることだと主張している。

だが最後に、マクダウェルのこのような主張にも問題が残っていることを指摘しておかなければならない。マクダウェルの場合、人間が理性的動物であるにふさわしい資質を身につけること、つまり「第二の自然」の住人であることは、言語共同体のなかで通用する言語を習得することによって可能になるとされる。躾や教育による言語の習得が、同時に道徳的規範を含む規範一般の条件にもなっている。しかしマクダウェルは、どんな教育や躾がそのような進歩を可能にするのかについて、具体的には何も説明してはいない。[20]マクダウェルは、成人のみを理性的動物として見なしているので、コールバーグのように子どもが哲学者であるとはけっして言わない。[21]このことは、自分が話す言語の通じない外国人や幼い子ども、あるいは、病気などで言語障害を有する者を、「第二の自然」から排除する態度となるであろう。

おわりに

マクダウェルのいう「ヘーゲル」とは、どのような哲学者なのだろうか。以上の考察から、マクダウェルのテクストのなかでの「ヘーゲル」が実はマクダウェル自身の代弁者であることが明らかになった。このヘーゲルは、個人の相互的交渉による合意形成つまり相互承認論の手続きを、規範の有意味性にとって本質的ではないものと見なす哲学者として描かれており、マクダウェルはそこからさらに、規範が合理的に妥当するためには言語共同体の成員であることがまずは必要だと説いていく。

人間は言語の共同的使用によって精神と物的世界の媒介をなしうるのであり、マクダウェルはこの二つの領域を、ヘーゲル的にバランスをとることが重要だと語っている。したがって、マクダウェルのヘーゲルはマクダウェル理解のための重要な鍵となるであろうが、しかし、ヘーゲルの語るテクストと単純に同一視されてはならない。近年の英語圏におけるヘーゲルに対する肯定的再評価に際しても、ヘーゲルがどの程度にまでヘーゲルなのかは、なお慎重な検証が必要であろう。

推薦図書

ロザリンド・ハーストハウス『徳倫理学について』土橋茂樹訳（知泉書館、二〇一四年）。

ジョン・マクダウェル『心と世界』神崎繁ほか訳（勁草書房、二〇一二年）。

ジョン・マクダウェル『徳と理性――マクダウェル倫理学論文集』大庭健編・監訳（勁草書房、二〇一六年）。

ダニエル・C・ラッセル『ケンブリッジ・コンパニオン――徳倫理学とは何か』立花幸司監訳（春秋社、二〇一五年）。

岡本裕一朗『ネオ・プラグマティズムとは何か――ポスト分析哲学の新展開』（ナカニシヤ出版、二〇一二年）。

第5章 フランスの現代思想——ラカンからジジェクへ

はじめに

現代思想とヘーゲルの関係を考察する際には、いわゆる「フランス現代思想」と呼ばれる思想群を考慮に入れることが不可欠であろう。それが現代思想といわれるものの一般のイメージを強く規定するものであるからのみならず、そこにおいてヘーゲルはつねに仮想敵としてみなされ、それゆえに逆説的にも議論の中心として機能してきたからである。さまざまなフランスの哲学者が反ヘーゲルを掲げ、ときには「ヘーゲル的である」という評価はその議論が考察に値しないという罵倒として機能していた。ヘーゲルは全体主義の哲学であり、すべてを自らのもとに取り込むことで他者を排除する哲学である、と彼らは一様に言う。それゆえに、いかにヘーゲルから離れることができているのかを提示することがフランスの哲学者のひとつの大きな課題であり、プロトコルですらあった。このように、ヘーゲルは否定的な形で参照されることで、フランス現代思想に影響を与えてきたのである。(1)

しかし、一九八〇年代後半から以上のような状況に変化が生じ始める。フランス現代思想の影響を十分に受けながらも、それをヘーゲル哲学によって内破させる哲学を展開する者たちが登場し始めたのである。すなおに読めば、ヘーゲルは古びた西洋形而上学の権化でも全体主義の哲学でもなく、現代の私たちに新たな思想の可能性を与えてくれるのだという。(2) 彼らによってフランス現代思想とヘーゲル哲学の関係は単純な背反関係ではなく、新たな可能性へと開かれているともいえよう。そのようなものたちのなかでも、とりわけ世界的に影響の大きいのは、スロベニア出身の哲学者、スラヴォイ・ジジェク（Slavoj Žižek, 1949-）である。

ジジェクは、ラカンの精神分析理論をもってドイツ観念論から政治状況にいたるまで鮮やかに分析する、現代を代表する哲学者のひとりである。日本でもすでに二十冊以上の翻訳が出版されているので、彼の細かい伝記的情報を提示する必要はないだろうが、しかし、その鮮やかさと多産さのゆえであろうか、彼の議論が十分に吟味され検討されてきたとは言い難いし、とりわけヘーゲル研究からのジジェクへの接近はなされてこなかった。さらに彼の著作の展開の特徴として、ある個別的な事象のなかで（たとえば、映画からフランス革命、スターリン主義にいたるまで）内在的に理論を発展させる手法を取るために、ジジェクの著作を読んでも、乱射される超絶技巧に目をくらまされてしまい、肝心のヘーゲル読解の核心を描き出すことはけっして簡単なことではない。このような状況ではジジェクの開いているヘーゲルの新しい可能性は閉ざされたままである。

本章は、以上の状況に鑑み、ジジェクによるヘーゲル解釈の独創性の解明を試みるものである。その際に注目するのは、ジジェクによるヘーゲル哲学における主体概念の解釈である。というのも、主体の概念は、フランス現代思想におけるいわば棘であるのみならず、ジジェクの哲学においてラカンの精神分析とヘーゲル哲学を結び付けるもっとも重要な理論的要素であるので、ジジェクのヘーゲル読解の核心を突くのに最適であると考えられるからである。まず第1節では、フランス現代思想の主体概念と、ジジェクによる、極度の難解さを以て知られるラカン派精神分析における主体の概念の検討を行う。そのあとで第2節では、精神分析における主体の概念をもとに、ジジェクによるヘーゲルの主体概念を検討する。以上の検討を通じて、ジジェクのヘーゲル読解の独創性とその可能性を理解することができるだろう。

1 ジジェクによる精神分析的主体

一般的に、主体とは認識や行為の起点となる自律的な意識的存在であり、対象を認識して何らかの行為を行う存在である、と考えられてきた。そして、このような近代の主体概念の完成者として見なされてきたのが、まさにヘーゲルである。しかし、このような主体の定義に対して、一九六〇年代からフランスを中心とした構造主義の思想が異議を唱えるようになった。それは、主体とはあらかじめ存在する所与の前提としてとらえられるべきではけっしてなく、構造の効果に拠るひとつの結果にすぎない、という考え方である。その代表的哲学者であるアルチュセールによれば、主体とはイデオロギーに呼びかけられることによって生産されるものであり、構造がなければ生じえないものであった。その意味で、主体（sujet）とはイデオロギーへの従属（assujettissement）なのである。このような考え

方は従来の主体概念に大きな変更を迫るものであり、哲学や政治思想に多大な影響をもたらした。(3)

このような思想の洗礼を若き日のジジェクもまた例外なく受けている。しかし、彼はこのアルチュセール的な主体概念にもまた疑義を抱いている(4)(SI, p. xxv)。というのも、ジジェクによれば、アルチュセールの主体化の議論は、最終的にはイデオロギーによる「疎外」を克服するという英雄主義的主体観を前提としており、この前提があるかぎり、イデオロギーの不完全性が逆説的にもイデオロギーの機能に不可欠であるという点を見逃してしまうからである。この問題点を解決するために、ジジェクはラカンの精神分析理論の研究を始める。ラカンは構造主義的な理論をはじめは受容しながらも、そこから離脱して、構造(ラカンのことばでいえば象徴界)と主体の関係について、きわめて精密な理論を構築している。(5)要するに、ジジェクは伝統的な主体概念を乗り越えた構造主義的な主体概念にもまた理論的な不十分性を認識し、それを乗り越えるためにラカンの精神分析理論を参照するようになった、といえる。それでは、ジジェクの精神分析理解の内実をつぎに見ていこう。(6)

ラカンの精神分析は基本的に三つの領域を対象としている。それは、想像界、象徴界、現実界である。きわめて簡略化して述べると、想像界とはイメージの領域であり、象徴界とは言語的な領域であり、現実界とはそれ自体実在として語られることのできない象徴界の限界を示す領域のことである。この三つの領域がそれぞれ機能することによって人間の精神は構成されている、と考えられている。

これらの領域はつぎのように関係している。人間ははじめ想像界に存在しているが、この領域ではイメージの戯れのみがあり、自らの統一的なイメージを獲得することができない。それを保証するためには、イメージに対して規範的に作用する言語が不可欠である。これがいわゆる鏡像段階である。それゆえ、自らをひとつの統一的存在とするためには言語的領域、すなわち象徴界に参入しなければならない。このとき人間はS_1というシニフィアンに代理表象され、これによって一者として存在することが可能となる。他方、このシニフィアンが指し示すものとして象徴界の内部には存在しえない、$（斜線を引かれたS）という無意識の主体が登場する。これが精神分析における「疎外」(alienation)である。これにより主体は言語的なネットワークのなかとその限界に分裂して存在することになる。[7]
S_1と$の関係について、つぎのように述べられる。

> まず私たちは一の印〔＝線〕(la marque unaire) を書き込むが、その跡の外には何もない。——すなわち、そこにはその書き込みが行われる場が存在する。この印と場の対立は、つねに印のレベルにおける対立である。要するに、一の印とその印の欠如の対立である。（一の印はただ「ひとつ」(une) であるのではなく、さらに特殊な意味で一である。なぜなら、その反対のものは他の「ひとつ」ではなく、空虚な$だからである。）もしこの印 (la marque) と場〔欠如〕(le manque) がこのような同じレベルに置かれていなかったなら、もし場が$としてS（シニフィアン）の領域のうちにないとすれば、他のシニフィアンへと進行する鎖の根拠は存在しないことになるだろう。(PSH, p. 95)

すなわち、統一的なイメージを保証するためのシニフィアンS１が指し示すものは、何らかの実在ではなく、シニフィアンの構造の限界それ自体である。このとき、シニフィアンS１によって指し示される限界自体が無意識の主体$と呼ばれるものである。このように、言語的な領域に参入するときに、シニフィアンで表される主体とそこから締め出される主体という、主体における裂開が存在するのである。この二つの主体はそれぞれ「言表内容の主体」(the subject of the enunciated)と「言表の主体」(the subject of enunciation)とも言い表される。シニフィアンの限界として措定される無意識の主体は、現実界の領域に属することになる。注意しなければならないが、現実界とはつねにその限界として措定される領域にほかならないため、このような無意識の主体はあらかじめ存在するものではなく、言語によって表されるとき遡及的に見いだされるものである。

ここで、つぎのような問題が生じる。構造主義言語学が示すように、ひとつのシニフィアンはつねに他のシニフィアンとの示差的関係のなかでしか意味を持ちえない。これはすべてのシニフィアンに当てはまるために、シニフィアンのネットワークを支える究極的な根拠としてのメタ的なシニフィアンは存在しない。これが、「大他者の大他者は存在しない」ということの意味である。こうしてシニフィアンの構造としての象徴界の秩序は根拠のない、つねに不安定なものとして存在していることになる。

しかし、無意識の主体はこのような無根拠に耐えることができない。というのも、自らの統一的なイメージを保証するために参照したはずの象徴界が無根拠であるとすれば、その無根拠が自らの存在基盤を揺るがすことになるからである。このとき、無根拠は無意識の主体に投げかけられるひとつの謎として現れてくる。精神分析にとって欠如とは欲望であり、つまり、その欠如を埋め合わせることを求めるものを引き起こすものである。それゆえ、大他者に根拠の欠落があるとすれば、大他者もまた欲望を持っているにちがいない、と無意識の主体は考える。主体はこの謎に答えなければならない。大他者は自らを安定したものとなすために何を欲しているのであろうか。主体は自らその象徴界の不完全性を埋め合わせる論理を構成することによって、言い換えれば、謎にひとつの答えを与えることによって、象徴界があたかも完全であるかのように構成しなければならない。

このような無意識の主体によって与えられる象徴界の欠損を補足するものが、「対象a」と呼ばれるものである。「対象aとは……主体の欲望の対象化のことである」(LN, p. 666)。象徴界の限界でありながら、主体によって内容が与えられるという二重性を持った対象aによって、象徴界と主体は安定化する。「対象aとは、ラカンによれば、(主体と大他者の)二つの欠如が合致したとき、すなわち、疎外ののちに分離が生じるとき、現れるものである」(LN, p. 59)。換言すれば、主体は象徴界において決定されながらも、みずからを決定する象徴界の存立基盤を、対象aを通じて与えることによって、存在させることになる。これが「分離」(separation)であり、アルチュセールが考えることのなかったものである。

主体とは、何か確固とした個体としてではなく、このような大他者に対する対応のプロセスとしてのみ存在しうる。「主体とは大他者の問いかけに対する……現実界の応答である」(SI, p. 204)。主体が対象aという一見すると主体の外部にあると思われるものによって象徴界を安定させることを通じて、主体としての地位は安定されている。「主体とは大他者のうちにある穴を具現化している対象との相関において存在している」(PSH, p. 124)。さらに、先ほど無意識の主体は現実界に属するとされたが、対象aもまた、象徴界の不安定な場所に見いだされるので、現実界に属するといえる。主体と対象aは、存在論的位相（象徴界の限界としての現実界）を同じくしながらも、その機能を異にすることが、ここから理解される。

以上が、ジジェクの精神分析理論のおおまかな枠組みである。注目すべきは、その主体の位置である。主体は単純にイデオロギーの内部で、すなわち象徴界の内部で言語化できるものではない。そのようなものはむしろ、たんにS^{1}と呼ばれるものである。そうではなく主体とは、疎外によって$\$$として象徴界の限界へと投げ捨てられながらも、象徴界を安定したものとして対象aを構成する、限界としての、空無としての機能なのである。換言すれば、主体とは、自ら安定することのできない不安定な構造があたかも強固なものであるかのように存在するための理論的根拠を与える、構造の消失点なのである。象徴界がそれ自身では論理的一貫性を担保することが不可能であるとき、その不可能性を隠蔽するために論理的に想定される最小限の決定の作用こそが、主体と呼ばれるものであり、それゆえに、主体を何か実在的な固定された存在として見なすことはできない。つぎの引用にそのことが

端的に示されている。

> 厳密な意味で、「客観的な」社会構造を縫合するのは、主体化の点である。――縫合の概念とそのことばの有力な使用の対照に気をつけるべきである。（イデオロギー的空間を「縫合」する要素、それは、その空間が脱中心化された「他なる側面」に依存しているということを抹消し、その空間がそれだけで充足しているものとして提示することを可能にする、そのような要素である）。主体化の点は、イデオロギーの内部を「縫合」するのではなく、外部それ自体を縫合する。要するに、縫合とは「客観的な」領域それ自体の一貫性を保証する主体化の点なのである。(LN, p. 74)

このように、主体とは論理的整合性を保証する「縫合」、つまり亀裂を縫い合わせる行為それ自体である。

さらに、最小限の主体の決定は見えないものへと変更される。というのも、主体は象徴界の不完全性を補うものでありながら、それが存在していることそれ自体が逆説的にも象徴界の不完全性を暴露するものであり、それゆえにこそ主体を抹消することによって象徴界はそれだけで完全であるという見かけを維持しなければならないからである。「あるプロセスを最初に創設したエージェントは、そのプロセスにとっての障害物と感じ取られるようになるにちがいない」(TN, p. 231)。こうして、象徴界は、あたかもはじめから主体の構成などなかったかのように、それだけで自存しているかのように存在することになる。

以上の議論をより明確にするために、ジジェクがしばしば提示するナチズムのイデオロギーの例を取り上げよう（PSH, p. 377f）。ナチズムはつぎのように主張する。「ドイツ人は偉大なゲルマン民族であり、その偉大さはけっして失われることはないはずである。にもかかわらず、現在ドイツは経済的にも困窮し国際社会からも見放されている。それはなぜか。それはすべてユダヤ人による陰謀のためである」。この主張は右で見た理論を用いればつぎのように整理することができる。ゲルマン民族は偉大であるという意味の連関（象徴界）は、それだけでは維持することのできないものである。大他者の大他者は存在しない、ゲルマン民族の優位を保証する外的な権威など何もない。そうであるので、この不可能性を補填する対象ａが必要とされる。それがこの場合のユダヤ人である。ナチズムのイデオロギーのうまくいかない事例をすべてユダヤ人という形象に帰することによって、このイデオロギーは完成することになる。「ファシストのイデオロギー的なパースペクティヴは、それゆえ、ある要素に対する戦いとして構造化されているが、その要素とはファシストのプロジェクトの不可能性の役割を演じるものである。〈ユダヤ人〉とはこの根源的な行き詰まりのフェティシズム的具体化なのである」（PSH, p. 378）。

イデオロギーの効果によって必然なものと見えようとも、対象ａがユダヤ人である必然性はどこにもない。それを決定している作用こそが主体の機能である。換言すれば、このような対象ａの場所にユダヤ人を提示するという偶然性こそ、その論理的展開に主体という機能が作動したことの証左なのである。それゆえに、ユダヤ人に対する人種差別の原因としてユダヤ人のなかにその本質を見いだそうとすることは、イデオロギーの本質をまったく見誤っている。考察されなければならないのは、そのような人種差別を正当化するような要素がユダヤ人にはある、と考えるその思考プロセスである。「要するに、反ユダヤ主義者とは〈ユダヤ人を信じる〉ものなのであり、したがって、反ユダヤ主義を切り崩す唯一の有効な手段とは、ユダヤ人はその原因を持っていない、と強く主張することである」(TN, p. 220f)。

以上で、ジジェクにおけるラカンの精神分析に依拠した主体の概念を明らかにした。つぎに、ジジェクによるヘーゲル読解を検討しよう。ジジェクは精神分析の理論をもって、どのようにヘーゲル哲学に介入していくのであろうか。

2　「実体は主体である」とはどのような意味なのか

これまで見てきたように、問題は主体をどのようにとらえるかであった。主体の概念はヘーゲル哲学において中心的なものでありながら、難解さのゆえにさまざまな解釈を誘発してきた。その記述は、おもに『精神現象学』の「序文」に描かれた、いわゆる「実体は主体である」という「実体＝主体」テーゼである。

体系それ自体の提示によって正当化される私の考えによれば、つぎのことにすべてはかかっている。すなわち、真なるものは実体としてではなく、同様に主体としても把握され表現される、ということである。(GW 9. 18)

真なるものはスピノザのいうような全体性としての実体だけではなく、個々に存在する主体としてもとらえられなければならない。このテーゼに対してヘーゲル研究の内部でもっとも流布してきた解釈は、存在神論的解釈である。ヘーゲルのいう「実体＝主体」テーゼとは、全体性としての実体に主体はつねに包含されており、それゆえに主体は実体のために存在している。主体とは実体の反映であり、それ以外のものではない。このような解釈は、簡単に全体主義的思想と結びつくものだろう。それゆえ、フランス現代思想がヘーゲルを嫌悪してきたこともけっして理由のないことではない。ジジェクによればこのような解釈の歴史は長く、シェリング以来のものである。「すべての客観的な内容を飲み込んでしまう絶対的な主体というヘーゲル哲学は、ヘーゲルの批判者の遡及的な幻想である。これは後期シェリングの〈積極哲学〉において始められたものである」(LN, p. 261)。

しかし、ヘーゲルを全体主義の哲学者として解釈することは正当であろうか。つぎの引用を読むとき、そのようなナイーヴな読解は批判されねばならないだろう。

悟性が否定的なものの驚くべき力であるのは、それが否定的なものに直面し、否定的なもののもとにとどまるかぎりである。この滞留は否定的なものを存在へと転換する魔法の力である。――この魔法の力こそこれまで主体と名づけてきたものと同じものである。（GW 9. 27）

否定的なもののもとへとどまること、そのような不作為の作為としての行為が主体と呼ばれるものである。このようなヘーゲルの記述は明らかに主体を実定的なものとして記述することを拒んでいるとともに、主体を全体性としての実体のなかで実体に奉仕するひとつの要素として記述することを排除している。ジジェクはむしろ、つぎのように解釈されるべきだと述べる。

絶対的なものは実体としてだけではなく、主体としても認識しなければならないというヘーゲルの有名な示唆は、「絶対的主体」、宇宙を作り出し私たちの運命を監視し続けるメガ主体（mega-Subject）というような種のものに不信の概念を引き起こすものである。（LN, p. 285f.）

「実体＝主体」テーゼとは、従来の解釈とは正反対に、すべてを支配する形而上学的全体性を担保するものではなく、むしろその批判である。それでは、ヘーゲルの主体概念が具体的にどのように理解されるべきかを、ジジェクに従って検討しよう。

カントにとって主体は現象界（経験的主体）と叡智界（超越論的主体）に分割されていた。この分割の解決こそドイツ観念論の最大の課題のひとつであったといえるが、ジジェクによれば、これに対するヘーゲルの答えは、分割を乗り越えることではなく、この分割こそが主体というものである。「ヘーゲルの手法はカント的分割を〈克服する〉ことではない。むしろ、分割そのものを主張することであり、分割の〈克服〉を要求するのを放棄すること、さらに、対立の〈和解〉を放棄することである」(PV, p. 27)。ヘーゲル的な主体は、現象界にある主体と叡智界にある主体を合体させるものではなく、分割される作用においてこそ見いだされる。

ヘーゲル的な主体とは、ヘーゲルが絶対的で自己関係的な否定性として示すものであるが、それは、物から現象を隔てる裂目、その否定的様態でとらえられた現象の彼方の深淵のことにほかならない。つまり、現象を限界づける純粋に否定的な身振りであり、その限界の彼方にいかなる実定的な内容を与えることはないもの、それが主体なのである。(TN, p. 21f.)

現象界に存在しないということが別の世界、つまり叡智界に存在することを意味するのではない。超越論的主体はむしろ現象界の限界として、つまり現象界内部では説明できないものとしてのみ示される。これは前節で述べた無意識の主体$が象徴界の外部ではなく、象徴界の限界としてのみ存在しうるという議論と対応している。そして、このような解釈は先の引用でヘーゲルが主体を否定的なものとして見なしていたことにも合致する。

それでは、主体の属している現象界という秩序はどのようになっているのだろうか。現象全体のシステムとしての実体は（ジジェクはこれを象徴界と同一視するが）、それが存立するための原因を持たなければならない。それゆえに、その実体を何らかの形で保証するものが必要である。しかし、実体を支えるメタ的な実体を想定することはできない。なぜなら、そのような想定は外的な基準を持ち込むことによって無限後退に陥るからである。外的な尺度を用いることをヘーゲルは厳しく批判している（GW 9. 58）。とはいえ、実体が自らを基礎づけるという自己原因を採用することもできない。実体は自己原因でありえないとは、ラカンのことばでは、「大他者の大他者は存在しない」ということを意味する。これができると考えたのはスピノザであるが（LN, p. 367）、しかしながら、実体は実際のところまったくもって全体を一貫して統一する原理ではありえず、すべてを包括する実体を想定することは不可能なのである。

現象世界すべてを内在的に一貫して説明しようとすることは、かならず限界を迎えてしまう。このような非一貫性を解消するために、カントは二世界論を導入し、そして限界の彼方に物そのものを設定し、さらには全体性を保証するものとして理念を想定する。このようなカントの議論に反して、ヘーゲルは限界の彼方ではなく、むしろ限界それ自体を考察するような哲学を構成する。そして限界を表すものこそ、ヘーゲルのいう対象（Gegenstand）なのである。

ヘーゲルはこのように直観と知性を永遠に分かつこの裂目を再認したといってもよい。私たちが実在性として経験するものの領野に、ある対象が出現するためには、その内容を提供する感性的直観の多様が思考物（Gedankending）としてのあるXという、「感性的には充足されない概念」によって、つまり、経験的で実定的な特性がそれを満たすことができないような空虚によって代補されていなければならない。なぜなら、それは主体の統覚の総合的行為の相関物である「物化された」（reified）効果だからである。（TN, p. 39）

このような、現象における埋め合わせこそヘーゲルのいう対象である。もちろんこれはラカンのいう対象aに対応したものである。対象とはそれだけで自存するものではなく、意識との関係においてのみ存在するものだからである。

右の引用から明らかなように、現象界の裂開を補う対象を作り出すのは主体による行為である。ヘーゲルの『精神現象学』を読んだことのある人であれば、このような解釈にさほど違和感を持たないであろう。主体が対象と想定しているものは、その実、主体それ自体の構成によって可能となっていることが明らかになることで、議論が進行していくからである。そうであるとするならば、全体性としての実体の虚構的完全性を作り出しているものこそ、主体という機能である、ということができる。「この主体こそ、超越論的総合を通じて実在性を一貫した全体へと、対立物を包含する同一性の新たなバージョンへと〈縫合〉するのではないか。ラディカルな否定性は新しい同一性の根拠へと転換されるのではないのか」(LN, p. 385)。ヘーゲル的主体とは、全体性としての実体にとって構成的な限界でありながら、けっして実在化されることなく、機能するものなのである。

ジジェクを少し離れて、ひとつ例を挙げてみよう。現代の哲学で無視することができない立場に物理主義がある。[8] これは、私たちの経験するもののすべてが物理的法則によって説明できるという立場である。とはいえ、このような極端な立場は心的領域を説明するためには不十分であり、それゆえにさまざまな修正を引き受けなければならない。修正の結果、物理主義のなかでもっとも有力な理論は非還元的物理主義といわれるものである。これは、物理的な性質に心的性質を完全に還元することでそれを説明するのではなく、心的性質は物的性質に付随し依存するという解釈である。この場合、心的性質が物理法則によって決定されているという極端な立場を取らずに物理主義を主張することができるとされる。しかし、このような理論は物理主義の自己否定ではないだろうか。非還元的物理主義は、物理法則がすべてではないという限界をそれ自身で表しているからである。にもかかわらず、これが物理主義の一種であると言われるのであれば、これが物理主義内部では理解できない根拠、つまり主体の決定に依存していることは明らかである。限定された領域で物理法則によって説明されることは認められるものの(この意味で、ジジェクによるヘーゲルは単純な観念論でも、メイヤスーのいう相関主義でもない)、それがすべてを包括する全体性の議論となるとき、不合理な点を含まざるをえない。この立場が非還元的と名づけられるのは、きわめて示唆的である。それはまさしく、物理主義のなかで還元されない限界を指し示しているものだからである。

以上から「実体＝主体」テーゼをつぎのように解釈しうるであろう。何らかの一貫した論理空間である全体性としての実体は、それ自身みずからの原因を持つことはできない。それゆえに、実体は実体ではないもの、つまり否定的なものとしての主体によって支えられていなければならない、ということである。

ヘーゲル的な「主体」とは、究極的には、実体のそれ自身にとっての外在性に対する名前以外の何物でもない、それによって実体がそれ自身にとってよそよそしいものとなる「ひび割れ」以外の何物でもない。……個人と社会の関係という問題の解決へと向かう第一歩は、社会的実体を横切る分割を、……主体を構成する分割（ラカンの理論では、主体は正確に「個人」ではない何か、分割できない一者ではない何かであって、分割を通じて構成されるもの、$である）へと関係づけることである。（TN, p. 30）

真理としてとらえられるべきは、ただ論理空間としての、全体性としての実体だけではなく、その構成条件としての、限界としての主体という機能を含めたものである。ジジェクによれば、従来の哲学は完全な論理空間の内部で探究することに終始しており、主体の作用という側面を見逃すことによって、論理空間の発生条件それ自体をとらえる事ができなかった。この動的な構造を把握するものこそ、ヘーゲルの「実体＝主体」テーゼである、とジジェクは主張する。

このようなヘーゲル解釈が、ヘーゲルの難解な記述を一貫して把握できるとはいえ、その大胆さゆえにヘーゲル研究者から批判が行われるのもまた事実である。ここでは現代を代表するヘーゲル研究者であるピピンによる批判を考察しておこう。ピピンはジジェク同様、ヘーゲルの存在神論的解釈を退け、新たなヘーゲル像を打ち出している哲学者である。ピピンはジジェクの大部なヘーゲル論である『レス・ザン・ナッシング』についての批評(9)を書いているが、そこでの主要な批判はすなわち、ジジェクは主体を実体の外部にあるものとして、つまり純粋な決定の力として主体を構想しており、この意味でジジェクはヘーゲル主義者ではなくシェリング主義者である、というものである。

たしかに、ピピンのいうことには一理あるように思われる。ジジェクはたとえ最小限の決定であっても、その実体を可能にする意志の力を想定しているかぎり、意志をすべての根幹においているように見えるからである。しかし、ピピンはつぎの点を見逃しているために、その批判はまったく的外れなものとなっている。すなわち、主体の位置は、あらかじめ所与のものとして与えられているのではなく、あくまでも実体によって媒介された主体であるという点である。すべてを主体が作り出すということではなく、あらかじめ存在している実体のもとに主体は投げ込まれており、このあらかじめ存在しているものに、主体は縫合を、画竜点睛を行うのみである。ピピンは以上のような事態の後半の議論を過大に解釈し、さらに限界としての主体の分裂の議論を見逃している。主体は根源的に想定されるものではなく、つねに実体の限界としてのみ、すなわち実体に媒介されるかぎりで存立するのである。換言すれば、主体という結果が実体という原因についての原因になるという遡及的な因果関係が問題となっている。

以上のようなジジェクによるヘーゲル読解の新しさから、どのような可能性が開かれてくるだろうか。前節で、主体という不可能性は象徴界によって抹消され、事後的に象徴界は完全なものとして想定される事態を指摘した。これは、ヘーゲル的にいえば、「精神の傷は、どのようなあとも残すことなく、癒される」(GW 9. 360) というものであり、ヘーゲルはどんな他者性をも飲み込み自分のものにしていく、というフランスの現代思想のヘーゲル批判の根拠となったものである。しかし、ここまでジジェクの議論を追ってきた私たちは、この議論がヘーゲルの主眼ではなく、実体＝イデオロギーの狡猾さを描いているものである、ということが理解できるだろう。先の引用で見たとおり、ヘーゲルによれば、否定的なものは癒されるのではなく、むしろとどまらなければならないものであり、それによって私たちは実体の不完全性を暴き続けなければならないのである。ここにヘーゲル哲学における動的な全体性を強調するジジェクの読解の新しさがある。

それゆえにこそ、ジジェクによるヘーゲル読解は、その一般的理解とはまったく反対に、歴史というひとつの全体性の必然性を認めないのであり、むしろ、彼が問題にしているのは、歴史が必然なものとして解釈されるためには、主体による偶然的な行為が不可欠だということである。

> しかし、一貫してヘーゲル主義者であるためには、私たちはさらに一歩進めてつぎのように主張しなければならない。つまり、歴史的必然性はその必然性の現実化の偶然的なプロセスに先行していない、言い換えれば、歴史的展開はつねにそれ自体で開かれており非決定である。(LN, p.217)

歴史とはつねに異なった意味づけに開かれており、にもかかわらずこの意味づけによってあたかも必然であるかのように現れてくる。ヘーゲルは、歴史の必然性を問題にしているのではなく、その高階の論理、つまりなぜ必然であるとみなされるのかということの理論化を行っているというわけである。「非時間的な論理的構造は、それ自身偶然的な時間的決定の結果である」(LN, p.106)。問題となっているのは生成の必然性ではなく、必然性の生成である。この意味で、論理空間は偶然性をかならず含み込まなければならない。

とはいえ、このような議論はメイヤスーと同じく[10]、すべての論理空間の「偶然性の必然性」を唱えていることになるのであろうか。そうではない、とジジェクはいう。ジジェクによれば、メイヤスーは論理空間の根源的な偶然性を暴きながらも、その偶然性についての理論を必然的なものとして例外化することによって、全体性を完成させてしまっている。メイヤスーが考慮できていないのは、「すべてが偶然であるということは必然的である」という論理ですら偶然的ではないかという批判を避けることはできない、ということである（LN, p. 369）。ジジェクはメイヤスーとはまったく異なって、偶然性についての、すなわち主体の決定についての言明は、けっしてあらかじめ与えられるものではなく、ある論理空間の偶然性がそのたびごとに提示されるかぎりで否定的な形で構成されるものなのである、と主張する。この意味で、ジジェクはヘーゲルに忠実に「自らを完遂する懐疑主義」（GW 9. 56）をけっして手放さない。実体がそれ自体では存在しないことを暴きながらも、実体の外部を素朴に想定せず、実体の限界を提示し続けることこそ主体を可能にするのである。

ここにおいて、物理主義やメイヤスーのような唯物論とは異なったジジェクの「弁証法的唯物論」（Dialectical Materialism）が明らかとされる。ジジェクはヘーゲルが唯物論者であるといって憚らない。弁証法的唯物論とは、すべてを包括するような論理の不可能性によってのみ提示される主体の決定作用という、論理空間の存在論的条件についての否定的構成の哲学である。換言すれば、実体を構成する主体は、翻って実体の限界によってのみ構成されるから、その限界を指し示し続けることだけが主体を可能にするのである。それゆえに、これはピストルの弾のようにはじめから主体を想定する観念論とはまったく異なっている。ジジェクはみずからの哲学を、ガリレオをもじりながら「それでもそれは動く」（And yet it moves）と表現している（LN, p. 2f）。決定する主体を構成する、限界の提示の三人称の運動こそ、懐疑主義の名にふさわしい。それは主体さえをも前提にしないからである。「それ」

（it）とは、けっして一人称には回収されない、欲動としての三人称である。(11)

意味を作り出す行為を拒絶することによって、論理空間に縫合を施すことを拒絶しつづけること、これこそが否定的なもののもとへの滞留であり、弁証法的唯物論への唯一の掛け金である。

おわりに

本章では、ジジェクの精神分析理論とそれを応用したヘーゲル読解における主体の問題を探究してきた。ヘーゲル的主体とは、絶対的な主体性を主張するものでも、全体性のなかに取り込まれるものでもない。そうではなく、全体性の非一貫性を補塡する、全体性の限界それ自体のことである。この意味で、主体は実体に対する否定的なものであり、けっして実定的なものとして把握されない、空無としての機能なのである。そしてこの否定的なものにとどまり続け、全体性に一貫した意味を与えることを拒み続けるところにこそ、ヘーゲルのラディカルさが存在する。私より以前に傷はあり、それを実現するために私は生まれてきた、と書いたのはジョー・ブスケである。ヘーゲルのラディカルさに忠実であろうとするものたちは、この一節につぎのように付け加えなければならないだろう。そして私は、この傷を開き続けなければならない、と。

推薦図書

ジジェク『もっとも崇高なヒステリー者』鈴木國文ほか訳（みすず書房、二〇一六年）。

ジジェク『イデオロギーの崇高な対象』鈴木晶訳（河出書房新社〔河出文庫〕、二〇一五年）。

ジジェク『否定的なもののもとへの滞留』酒井隆史ほか訳（筑摩書房〔ちくま学芸文庫〕、二〇〇六年）。

ジジェク『パララックス・ヴュー』山本耕一訳（作品社、二〇一〇年）。

ジジェク『レス・ザン・ナッシング』未邦訳。

トニー・マイヤーズ『スラヴォイ・ジジェク』村山敏勝訳（青土社、二〇〇五年）。

終章　欧米のフェミニズム——ボーヴォワールからミルズへ

はじめに

ヘーゲルは、家父長制の立場に立つ哲学者として、フェミニストから批判されてきた。フェミニズムの立場からの解釈では、ヘーゲル解釈を、男性を国家に位置づけ、女性を家庭に位置づける、家父長制の立場にあるものととらえており、パトリシア・J・ミルズがこの立場に立っている。(1) しかし、ヘーゲルが、実際に女性を受動的、男性を能動的ととらえ、女性の役割を家族に、男性の役割を国家に置くことの意味については、『精神現象学』を分析することから検討したい。はたして、ヘーゲルは、現代から見たときに、フェミニストから断罪される存在にすぎないのだろうか。

この章では、まずは、ボーヴォワールがどのようにヘーゲル哲学を理解していたかを確認し、現代フェミニズムの立場から検証する。つぎに、『精神現象学』の「理性的な自己意識の自分自身による現実化」と「快楽と必然性」で論じられる性愛について考察を進めていく。さらに、「精神」章の「真実の精神——人倫」で扱われる、人倫的世界における家族関係、とくに兄と妹の「自由な関係」を取り上げる。これらの考察から、ヘーゲルが女性をどのように位置づけているかを、詳らかにしたい。また、ヘーゲルは家事役割を消極的にとらえており、むしろ、家族の役割としては埋葬を重視する点に注目する。最後に、共同体においてヘーゲルが女性をどのようにとらえているかを明らかにする。

1　戦いを欠いた承認——ボーヴォワールのヘーゲル理解

ボーヴォワールが、ヘーゲルの『精神現象学』を読んだのは、一九四〇年のことであった。(2)一九四〇年の『戦中日記』に、ヘーゲルの『精神現象学』を読んだことが記されており、ボーヴォワールは以下の箇所を抜粋している。

> 働きかけるのが「他者」である限りにおいて、各々の意識は他の死を求める……したがって、二つの自己意識の関係はつぎのように、すなわち、二つの自己意識は死を賭けた戦いによって、自己自身を、そして相互に確認すると規定される。二つの自己意識はこの戦いを避けることができない。自分たちの自己確信、自己に対して存在しているという確信を真理の段階まで高めなければならないからである。各々はこの確信を自己自身において、また他において確認しなければならない　ヘーゲル　各々の自己意識は、自己自身の生命を賭しているのだから、他は自己にとって自己自身以上の価値をもたないのだから、他の死を求めざるをえない……他〔自己〕の本質は、各々の自己意識には、他方のものとして、外として現れるから、各々の自己意識は、この外在性を乗り越えなければならない。(3)

ボーヴォワールは、二つの自己意識が死を賭けた戦いを行い、その結果、自己意識が自己確信を得るという箇所を、『精神現象学』から引用している。そして、一九四一年の『戦中日記』で、ボーヴォワールは「意識相互による承認の要求」というヘーゲルの考えに大いに感銘を受けたと記している。(4)同じ箇所でボーヴォワールは、「唯一絶対的なものは、この人間の意識なのだから」と述べ、そして、「愛、芸術的表現、行動等における承認が有効かつ自由であるための、各々の意識の自由の要求である」と、ヘーゲルの承認概念を、あらゆる行動の自由として基礎づけている。

その後、一九四九年に刊行された『第二の性』のなかで、ボーヴォワールは、ヘーゲルの『精神現象学』における主人と奴隷の相互承認をモデルとして、男性と女性の関係について言及していく。

男性と彼女との間には決して闘いはなかった。ヘーゲルの定義は彼女にたいへんよくあてはまる。「いま一方（の意識）は依存した意識であって、その意識にとっては本質的現実とは動物的生命、つまり他の実体によってあたえられるところの存在である」。しかし、この関係と圧迫の関係との相違は、女性のほうもまた男性によって具体的に到達される価値を目標として承認することだ。(5)

ボーヴォワールが、ヘーゲルの主人と奴隷の関係を持ち出すのは、女性が奴隷と同様に「依存した意識」として「動物的生命」にすぎず、「他の実体によってあたえられる存在」としてとらえられるからである。男性が主体であるのに対して、女性は男性によって価値や役割を与えられて見いだされる客体にすぎない。

ボーヴォワールは、主人と奴隷の関係と男女の関係を、つぎの二点で区別している。第一に、奴隷は自らの生命を賭けた戦いを経て「依存した意識」となったのに対して、女性は自らの生命を危険にさらすことはない。女性は、男性と戦いを経ることなく、自らの依存的な状況に従っている。このような状況が成り立つのは、第二に、女性は、男性の価値を自らの価値としても承認しており、こうした構造に組み込まれているからである。

フェミニズムの立場から、ジェフリー・A・ゴーティエは、ボーヴォワールが戦いを欠いた男女の承認を論じる際に、男性による女性への暴力を結び付けていないことを指摘している(6)。暴力による勝利が男女間の性的関係のすべての意味を包含するのではないとしても、ボーヴォワールは男性による女性への虐待や性的暴力という意味をほとんど無視している。ボーヴォワールは、現実の女性への暴力の観点からではなく、男女観の承認の理論的な重要性を指摘していると、ゴーティエは述べている。フェミニズムは女性に対するハラスメント、暴行などの暴力について議論を行ってきた。しかし、ヘーゲルの議論の文脈においては、そうした現象は一般化されてしまうために、女性に対する暴力という文脈が議論されることがなくなってしまう。女性は男性からの暴力やハラスメントや暴行に対する恐れを、夜道の独り歩きや独り旅だけでなく、満員電車や人混み、学校や職場で日常的に感じている。それゆえに、女性と男性のあいだには、けっして生死を賭けた戦いはなかったというボーヴォワールの議論は、フェミニズムの観点からみると疑問が残るが、自由を得るための承認という文脈でボーヴォワールは議論を進めていると考えられる。

2 『精神現象学』における男女の性愛——女性の擬態的な受動性について

つぎに、ヘーゲル哲学における女性の役割を『精神現象学』のテクストのなかで考察しておこう。ヘーゲルの主著『精神現象学』の「理性的な自己意識の自分自身による現実化」と「快楽と必然性」のところで論じられる「性愛」の考察を通じて、ヘーゲルが女性をどのように位置づけているかが明らかになる。

ヘーゲルの『精神現象学』は、「理性的な自己意識の自分自身による現実化」と「快楽と必然性」のところでは、ゲーテの悲劇『ファウスト』をもとにした議論がなされている。それはたとえば「快楽」(Lust) であり、「単純な個別的な感情」であり、この箇所で問題とされるのは、ファウストとグレートヒェンとの恋愛である。個別性の感情の享受として挙げられるのは、快楽の享受である。具体的には、ゲーテの『ファウスト』のなかのファウストとグレートヒェンが題材に挙げられる。それに対してヘーゲルの『精神現象学』では、世界に対して理論的・観察的態度を取る段階から、行動を通じて自分自身を自己実現する段階への転回において、行動するファウストが登場する。書斎で学問を探求するファウストに魅入ったのは「知と行為の普遍性という天に輝く精霊」(Geist) ではなく、「悪魔」であるメフィストフェレスである。そこでは、個人的な快楽の追求は、動物的な欲望であり、もっとも低次の感情として挙げられている。だからこそ、快楽を享受しようとする自己意識は「生命を取る」と言われるのである。

自己意識が自分に生命を取るのは、熟れた実が摘み取られるようである。すなわち、熟れた実が摘み取られると同時に自分から迎えに来るようなものである。(GW 9. 199)

ゲーテの『ファウスト』では、グレートヒェンは摘み取る者を自分から迎えに来るようなものとして描かれている。すなわち、受動的であるように見えるが、実際には女性による媚態や美しさ、女性らしい振る舞いによって男性を誘う擬態的な受動性として描かれているのである。快楽の享受において、女性は受動に見えるけれども実際には自分から仕掛ける存在として振舞っているのであり、女性が「女性らしさ」を追求するのは、このような擬態的な受動性を身につけるためである。ゲーテの『ファウスト』では、メフィストフェレスが、ファウストと遭ったグレートヒェンについて、「むすめのほうもまんざらではなさそうです。とかく世間はそうしたものだ」と言及するのが、この「自分から迎えに行く」擬態的な受動性ととらえられる。この意味においては、女性が「女性らしさ」を追求し、美しさを身にまとうことは、人間が生物であり、人類の種の繁栄のために「自然」なこととしてとらえられよう。女性が「自然」に課せられた役割として自ずから受動性を身にまとうのが、男女の性愛関係ととらえることができる。すなわち、ヘーゲルの議論において、女性は本性的に受動的であるのではなく、受動的な役割を女性が自ら担い、演じているといえる。

ヘーゲル『精神現象学』の「自己意識」章では、自己意識同士が生死を賭けた戦いを行い、両者のあいだで相互承認がなされる。それに対して、快楽の追求においては、他の個体と生死を賭けた戦いをなすことによって、全面的な絶滅へ向かっていくのではない。そうではなく、快楽の享受とは、自分とは別個のものとして存在していた他の個体を自分自身の快楽の対象とし、両者の自立的な自己意識の統一を見ることである。このような快楽の享受とは、他者との統一という肯定的意味をもつと同時に、自分自身の快楽の享受は他者によらなければならず、自分自身を否定するという意味を持つ。すなわち、もっとも低次の感情である快楽の享受によって、自己意識は生命を楽しみ満足を得ようとしたのだが、しかしむしろ他者によらなければ享受することのできない快楽のしがらみに陥ってしまうのである。

ゲーテの『ファウスト』では、ファウストにとってもグレートヒェンにとっても、快楽の享受は悲劇的な結末をもたらす。グレートヒェンの母も兄も赤ん坊も生命を失ってしまう。ここからヘーゲルは、『ファウスト』を題材に用いることによって、感情や快楽といったもっとも低次の動物的な欲望が、人間においては世の中のしがらみや習俗、掟、知識、理論と結びついていることを描き出す。この箇所で女性は、擬態的な受動性を持ちつつ、欲望の対象となる自己意識として描かれる。女性は、受動的に見えながらも媚態によって男性を唆すものであり、男性にとっては世の中のしがらみや現実、他者とのしがらみによって自己が存在することを思い知らせるものとなる。それはまるで「教養小説」(Bildungsroman) のなかで主人公が世間を経験しながら成長していくように、女性は男性が世を知るために経験するひとつの契機とされている。

ヘーゲルによれば、感情の享受とは、自分一個でなすことのできるものではなく、今度は他者を求めずにはいられない飽くなき快楽の追求となり、他者との統一、しかし自立した二つの自己であるという区別、両者の関係というカテゴリー連関に陥る。ヘーゲルのカテゴリーは存在するものを述語づけるだけではなく、それ自身で概念として展開し、他のカテゴリーと関係をもつ。というのは、ヘーゲルは理性の働きを対象の分類や区別に限定するのではなく、統一や区別などといったカテゴリーそのものが対象の側からも、さらに自己意識の側からも展開し運動し関係づけられるものととらえるからである。通常、カテゴリーは理論的理性の範囲内で議論されるが、しかし、実践は理論を伴うと考えるヘーゲルは、カテゴリーを理論的理性から実践的理性の領域へもたらすのである。

カテゴリーの連関のなかで、自己意識と他の自己意識が統一しているように見えたのであるが、両者が統一されているように見えたのは、快楽による幻想にすぎなかった。両者は区別された個別の自己意識であり、別々の存在であり、理解し合えるわけではない。快楽による統一と区別という関係のなかでは、もはや自分が一個であることができなくなり、この関係の結果は個別であることを否定するのである。

このように自己意識は快楽の享受を通じて、ヘーゲルの言うところの「絶対的な関係性」に巻き込まれる。家族や習俗といった他の人々との共同を投げ捨てて自分一個であろうとしたが、その結果、むしろ世間のしがらみに陥ってしまう。そして、快楽の享受において女性は受身的に描かれているように見えるけれども、しかし自分自身からこうした運命の必然性にまた巻き込まれに行くのである。快楽の享受は、無慈悲で冷酷な現実として、悪魔的な快楽の飽くなき追求となり、また世間との共同から逃れようとしても快楽を求めようとすることによって、むしろ世間のしがらみに取り込まれる。「個体は生命をとったが、しかしそのことによって、個体がつかんだのは死なのであった」（GW 9. 201）とヘーゲルが述べるのは、個別的な快楽の享受は、むしろ自分が一個ではいられなくなり、悪無限的な快楽へと続く、メフィストフェレスの教唆によるような悪魔的な快楽の苦しみと、「冷酷で、しかし連続的な現実」にぶつかることによる習俗や掟、他者との関連性を思い知らされる。しかし、自己意識にとっては、この現実がなぜ生じたのかを理解することはできない。ヘーゲルは、自己意識が理性的に他者と関係を持つには、まず感情に従って自分自身が壊滅する経験を経て、世のしがらみや空虚な必然性に陥る過程を描き出す必要があった。だからこそ、快楽を得ようとしても得られるのは死であり、没落であり、人間が一個で己の欲望を享受することができないことが描き出される。

ヘーゲルは『精神現象学』のこの箇所で、感情と理性を、受動と能動を、女性と男性に割り振ることはしない。自己意識は個別的な感情を通して、自己意識は現実の世界における理性的なものを見いだす。しかし、女性は、擬態した受動性を装うことによって、他者や共同性と関係するもの、自主的に行動するのではなく男性に従順に従うものとして描かれている。異性としての他者との遭遇は、感情や快楽が自分自身の思いのままにならないこと、家族や周囲の人々との関係といった世の中のしがらみに巻き込まれざるを得ないという、理性的なものへ私たちが縛りつけられていることを知らしめる。この意味において、異性との遭遇は、感情や快楽へ私たちを解き放ち、書斎を出たファウストのように未知の世界へ送り込む。性差は個々の人間のうちで、理性的で無機質的であった世界を感性的で快楽的なもので彩り、理論的なもののうちに行動を、喜びのうちに苦しみを、肉体のうちに精神を、生のうちに死があることを気づかせる可能性を持っている。すなわち、個々の人間が男性あるいは女性という性別であるだけでなく、男性は女性に対して男性的であり、女性は男性に対して女性的である。男性には女性を通じて得られる経験があり、女性には男性を通じて得られる経験がある。そのような異性を通じた経験を踏まえて、感情と理性との綯い交ぜのなかで既存の世界が突き崩されるさまを、ヘーゲルは『精神現象学』で描き出している。

ゲーテの『ファウスト』において、グレートヒェンは女性的原理の担い手として、すなわち「永遠に女性的なるもの」として、男性的原理の根底にあるものとして讃美される。(7) グレートヒェンは、「グレートヒェン・フラーゲ」（Gretchenfrage）と呼ばれるように、信仰の問題についてファウストに問いを投げる信仰深い存在としてゲーテによって描かれている。そして、グレートヒェンは自らの生んだ子を殺してしまうのであるが、罪を悔う『ファウスト』第一部の末尾で、天上から「救われたのだ！」という声が響き渡る。ゲーテは女性らしさを讃美しているからのように見えるけれども、しかしそれは男性の立場から見られたものとしての女性である。「永遠に女性的なるもの」としての女性は、学問や論理、理性を探究する男性が持たないものを持っているのであり、男性にとって信仰や従順さ、優しさを備えた憧憬し賛美する対象として描かれている。

しかし、ヘーゲルはゲーテのように女性を「女性性そのもの」のために賛美することはしない。グレートヒェンは、ヘーゲルにとっては、自己意識が快楽を享受しようとするときに現れる他の自己にすぎない。自己意識にとって世のしがらみを作り出すものとして現れてきて、ファウストといっしょに没落する者がグレートヒェンである。ヘーゲルはファウストとグレートヒェンのあいだに、相互的な自己意識同士の承認を見いだしているわけではない。承認関係においては、自己意識のあいだに相互的なやり取りが必要であるが、快楽を享受しようとすることは、自分の意図しなかったものを経験することであるために、そこに相互的なやり取りは存在しない。快楽において論じられるのは、習俗に逆らおうとする悪無限的な男女の性愛が、ついには没落せざるをえないということである。

3 人倫的世界における家族関係

自己意識が他の自己意識を快楽の対象とする段階であった『精神現象学』の「快楽と必然性」では、自己意識同士のあいだに相互的な承認は生じなかった。それに対して、「精神」章の「真実な精神——人倫」では、夫と妻のあいだに愛情による、自然な承認関係が生じる。自分自身の快楽を満たすことだけが目的とされた「快楽と必然性」と異なるのは、人倫的世界では家族のなかで各々が夫あるいは妻として自分の役割を果たす点である。しかし、夫婦関係は感情を交えることがあるために、純粋に人倫的な関係ではない。むしろ、次節で考察するように、兄と妹の関係こそが純粋な人倫的関係だとされる。

人倫的世界における女性は、快楽の自然な関係にはない。すなわち、快楽は、個別的な自己意識が他の自己意識との統一を見いだそうとする感情の間柄である。それに対して、人倫的世界においては、感情によって結ばれているのではなく、むしろ、個別性はどうでもよいものとされる。「快楽と必然性」でヘーゲルが論じたように、快楽はどれほど享受されても満たされることがなく、さらに快楽を飽くことなく渇望させる。快楽を追求するだけの性愛関係は、個人の人格が相手によって承認されることもなく、家族や共同体のなかで承認されることもない、そうした不安定な関係である。お互いが自分の快楽を満たすことだけを目的とする関係であるために、他者のために自分を犠牲にしたり、他者のうちに想われている自らを見いだしたりすることのない関係である。ヘーゲルは、男女の自由な性愛は不安と渇望に駆り立て、人間を破滅させかねないものととらえている。このような性愛は、女性が年をとって美が失われた場合には、消滅しかねない。ヘーゲルは、自然な愛情関係が不安定なものであることから、自然な愛情によらずに家族の一員としての役割を果たすことを、人倫的関係としてとらえていく。

女性は妻あるいは母として、快楽に所属する「自然なもの」とされる。女性は人倫的世界における家族の一員として、妻あるいは母の役割を果たす存在とみなされる。女性は、特定の夫に愛着を抱くために夫の世話をするわけではない。そうではなく、妻あるいは母としてあることが、女性の役割とされている。それゆえ、妻としての間柄に愛情という感情のような「個別性」が混入してしまう場合には、その人倫は純粋なものではなくなる。なぜなら、感情が混入すると、夫や子に愛着を持つときには家族の世話をするが、愛着を持たないときには世話をしなくなるからである。したがって、女性が人倫的世界において果たす役割とは、夫や子に愛着を感じない場合にも、無条件に受け入れて世話をすることととらえられる。家族とは、相手がどのような存在になっても、世話をやき、面倒をみる存在である。

このために妻にとって個別性はどうでもよいものとされる。「妻はこの自己としての自らを他者のうちに認識するという契機を欠くことになる」(GW 9. 248)。すなわち、自分が愛着を抱く他者のうちに、自分が一個の自己として認められているわけではない。この一人しかいない自分が夫のうちに認められているのではなく、妻としての役割を果たすにすぎない。すなわち、妻が夫に対して愛着を持っているために家庭内での役割を果たす場合よりも、妻としての家庭内での役割を果たす場合のほうが、ヘーゲルにとっては、人倫性がより純粋なのである。ヘーゲルがこのような立場を取る理由は、愛という感情による自然な承認は、時間の経過に伴って薄れたり失われたりする偶然的なものだからだと考えられる。愛による承認は、直接的なものであるために、自分のうちに他者を見いだし、他者のうちに自分を見いだしていても、それは当事者同士の主観のうちにしかない。このために愛による承認は、当事者二人のあいだで存在しているように見えるかもしれないが、その愛情が幻想や思い違いかもしれない可能性を排除することはできない。それゆえにヘーゲルは、熱烈な情愛や個人的な愛着よりも、法律によって認められた婚姻関係のうえでの役割を重視する。

ヘーゲルによれば、女性は家庭の外で働いて収入を得ることも戦争に赴くこともできないために、家族という個別性にとどまる。女性が家事、育児、介護といった役割を果たすのは、女性が一人の個人としてではなく、家族における妻や母という存在とみなされるからだと考えられる。女性にとっては、個人の確立や主体性、自分がいかに生きるかということが問題とされてこなかった。それは、女性には家族内で妻あるいは母としての役割を果たすことが優先されてきたからである。ヘーゲルにとって、女性における個人の確立は問題とはなっていない。

4 兄と妹の「自由な関係」

兄と妹の関係は互いに欲情することがないために、両者は自由であり、もっとも純粋な人倫的関係だと、ヘーゲルは考えている。夫婦関係では、愛情を交えていたために、愛を理由として女性は男性に対して恭順に振舞おうとし、子どもや老人のために世話や介護、看護をする。現代においても、性別役割分業に対して否定的な考えを持つ女性であっても、愛を理由として家族の世話を行い、ケア役割を果たすために仕事を諦めるケースが見られる。現代においては、男性と比較すると女性のほうが高い社会的地位を得るのが困難であるために、夫婦であれば経済力や社会的地位が低い女性のほうがケア役割を受け入れてしまう。愛とは人間同士の関わりのなかで構築されるものであって、実体があるわけではない。このために、家族関係のなかで求められるケアの役割を果たすことによって、そこに愛が存在することを根拠づけようとするのだと考えられる。すなわち、愛という感情が不安定なものであるために、性愛のみの関係では人間を渇望させ、狂わせて没落させかねない。不安定な愛を、人倫的な関係として家族のうちにもたらすことによって、一方では愛の形骸化と性別役割分担が課せられかねないが、他方では婚姻関係によって愛情が安定したものとなる。

愛における関係は、愛情が失われた場合には家族の世話をやかなくなるかもしれない、そうした不安定なものである。それに対して、兄妹関係には、夫婦間のような性愛関係がないために、兄の果たす国家の役割と妹の果たす家族の役割とが「自由な個体」のうちに実現されるという。このために、夫婦関係に見られる女性の受動性から逃れることができると考えられる。

兄と妹の「自由な関係」においては、愛情や快楽や世話を引き受ける必要がなく、埋葬という「神々の掟」が、両親を失い双方ともが独身の妹の手によって引き受けられる。両親を失った妹にとって、家族の掟を守るのは自分の務めであり、兄が独身であり、自分も独身であるならば、妹以外に、埋葬を行う者がいなくなるであろう。このように、女性が婚姻関係にはない間柄であって家族の義務を果たすことに、ヘーゲルは「自由な個体」を見いだしている。

したがって、ヘーゲルによれば、婚姻関係にない女性は自由であるともいえよう。しかし、婚姻関係にひとたび女性が入るならば、妻として母としての役割を果たし、家事・教育・看病・介護等を行わなければならないことから、個人の特殊性を捨てて家族のために奉仕しなければならなくなる。

5　ヘーゲルによる家事役割に関する消極的見解

ヘーゲルは『精神現象学』の「精神」章の「真実な精神――人倫」において、人倫的な世界の家族の目的を、家族の世話や子の教育、病人や老人の介護と見なしてはならない、と述べている。女性の家族における役割として、積極的と言えないものとして、①奉仕や世話、②子の教育、③病人や老人の援助を、ヘーゲルは挙げている。

まず、①家族に対する奉仕や世話は、たんに「個別的なもの」をなすにすぎないとされる。個々の家族の世話は、その時々の状況や必要に応じてなされる「直接的な現実的な行動」である。したがって、世話によって、個別者のすべての幸福を促進すると考えてはいけない。家族に対して料理や洗濯、掃除をしたところで、それは家族のすべての幸福を促進するわけではなく、掃除や洗濯がとどこおるならば、それはふたたび行わなければならない再生産労働である。ヘーゲルにとって、他者を世話することは、当人の全人格や全存在に関わるようなケア役割を果たすものではない。この場合のケアとは、ミルトン・メイヤロフが述べるように(8)、ケアする人が、相手に自分が必要とされていると感じ、成長したいという相手の要求に応えることで相手の要求に応える、というものである。それに対してヘーゲルは、家事を身の回りの世話や雑事と見なしている。

また、②「人倫的な行動」は、「一連の努力における教育として個別者を実際に全体として対象とし、作品として生み出すもの」(GW 9. 243) と理解されてもならない、とヘーゲルは述べている。この場合には、子どもを教育して家族から自立させ旅立たせるのであるから、家族にとってこの目的は否定的である。またそれだけでなく、この場合には、教育の目的が優秀で、できの良い子どもを作るという限定された内容になってしまう。

人倫的な世界における両親と子どもたち相互の献身について検討すると、両親の子どもたちに対する献身は、自分という人間の現実が、他者として自己意識のうちに現れていることへの感慨深さによっているといえる。自分の血統を引く子に対して、両親は一方的に献身するが、それに対して、子どもは両親の希望や意図とは別に自立した存在であり、両親とは別の人格として成長する。このために、子どもの両親に対する献身は、自分という存在を生み出した両親から離れ、成長して独立していくことへの感慨深さとなる。家族の目的は、子どもを教育し成長させて独り立ちさせることであることから、両親と子どものあいだにも相互的な承認は存在しない。あるのは、両親から子どもへの一方的な献身である。

さらに、③「人倫的な行動」は、「緊急の際の援助」であるが、これは「個別者の全体」が丸ごと救われるものと理解されてはならない。家族における援助は、偶然的なものであって、援助がある場合もあれば、援助がない場合もあるからである。家族が病気になったときに、他の者が看病できるとはかぎらないし、老人に介護が必要となったときに、援助できるかどうかということも、家族の置かれている都合と状況によるからである。

以上のように、ヘーゲルにとって、①家族の世話は、他者を全人格的に承認するケア的な役割を果たすことではなく、身の回りの雑事とみなされている。②両親は自分たちの愛の賜物である子どもに一方的に献身する、③緊急の看病や介護も、個人を丸ごと救うものではないとされる。これらの家族の役割は、通常、家族を司る人が女性であることから、女性の役割とみなされている。しかし、家族の世話は、市民として労働する男性にとっては、生活の身の回りのことといった雑事、細々としたこと、としか把握されない。

6 死と埋葬

ヘーゲルが家事を重視しないのは、家族の世話よりも、自分ではけっして行うことができない「埋葬」こそが、人倫的な世界における家族の役割ととらえているからである。埋葬とは、一人の人間の生と死を現実の世界のうちに知らしめ、意識化させることである。死者は家族にとっては同じ血統を持つ者として、「家」のうちに生き続けるものである。それゆえに、死者が野に朽ち果てるのを放置せずに、埋葬を通して家の一員とすることが家族にとっての義務となる。埋葬とは、死を「自然のなせるわざ」ではなく、家族員によって「意図されたもの」となすことである。

家族のなかで生まれた人間が、成長して市民として国家へ出て行き亡くなった際に、生きたことの証を、家族の血統のうちに伝えて思い出のうちに刻む行為が埋葬である。埋葬して死を悼むことは、現実の世界における生命の終わりを近親者の思い出のうちに刻み、先祖代々続く家族の血脈のうちに生かし続けることである。死者を思い出のうちに生かすこと、自然によってもたらされる死を近親者のあいだで受け入れることによって、死を自然ではなく人倫的なものとして作り直すことが埋葬である。死者を引き受けること、骨を拾うこととは、他者の行いを認めて受け入れることである。

生きている人間は、自分の行いを引き受けてくれる家族の存在によって、一個の個人としての生命を生きることができる。死者の血統が家のうちで生き続けることによって、死者の「エリニュス」(復讐の女神)が復讐を遂げることになる。野に晒された死体が腐敗したり、動物についばまれたりするという自然が加える不正に対して、同じ血統を持つものが神々の掟の正義を取り戻すことが、埋葬という人倫的行動である。

ソフォクレスの悲劇『アンティゴネ』では、国家の反逆者であるポリュネイケスに対して、国家は埋葬を禁ずる通達を出す。国家は、自分の存在を揺るがす反逆者に対しては、普遍的なものの立場から支配し、死骸が野に晒されて朽ち果てるという暴虐をなそうとする。反逆者の埋葬を禁ずることは、死んだあとまでも反逆者を国家が支配することができるという、国家による権力の誇示である。

「神々の掟」は、さしあたりは地の下にある「弱さと暗さの掟」として、地の上にある「人間の掟」に屈服する。しかし、国民が個々のつながりを持つのは、死後の世界においても民族の精神を持ち続けていることによっている。死者は悼まれ名誉を与えられることを理解することによって、生きている者は国家のために労働したり戦争へ行ったり、自らの生を生き抜くことができる。国家は、反逆者を共同体から追放することはできるが、しかしそれは、彼が国家の一員として生きているかぎりにおいてのことにすぎない。なぜならば、国家は生きている人間を支配することはできるが、死んだ人間は国家の支配から逃れて、神々の掟が司る家族のもとへ帰っていくからである。埋葬とは、死者が現実の世界では反逆者や犯罪者であろうがなかろうが、そうしたことに関係なく、死を悼むことによって、この世からあの世へと送り込むことである。

そこで、ヘーゲルにとっては、埋葬こそが、自らがけっして行うことのできない行為であり、一人の人間の生と死の継承を引き受けるという究極的なケア役割だといえよう。なぜならば、ヘーゲルにとって、一人の人間に対して全人格的に関与するとは、相手の生だけでなく死をも引き受けることだからである。国家や共同体は生きている人間に関わることができるが、死者に関わることができるのは、埋葬することによって死を悼む近親者だけである。国家に反逆した者は、国家から埋葬の禁止という侮辱を加えられることになるが、しかし死ぬことによって家族のうちに帰ることができる。死を悼むとは、一人の人間が生きたことを忘却させることなく、記憶にとどめることである。生きている人間は国家や共同体に関わりながら、普遍的なもののために自らの個別性を犠牲にし、国家に支配されているように見えるけれども、しかし家族のなかで一人の人間として生まれ、また一人の人間として家族のうちで亡くなる存在である。

死者を家族の血統のうちに生き続けさせる埋葬は、家族の生と生きた証と死にざまを丸ごと無条件に引き受けることであり、生きているあいだの具体的な個々の欲求や必要を満たすことよりも重視される。人倫的な世界における家族の重要な役割は、国家に反逆した家族であろうと、その死を悼み埋葬することである。

女性が属する「家族の掟」は、内面的なものであり、「内面の感情」にとどまっている。家族の掟は、意識の日のもとにあるのではない。アンティゴネは、掟に意図的に従うのではなく、家族の血統を持つものとして、内面の感情に突き動かされて埋葬を行う。女性は「ペナテス」という家族の守り神に結び付けられていると、ヘーゲルは述べている。女性は、内的な感情に突き動かされるといっても、この感情は家族の守り神として、家族の安全と安寧を守るものであり、個人的な利益や欲望にもとづく感情ではない。

快楽という感情が、個人の欲望だけに関わって習俗を顧みないものにすぎないのに対して、家族の掟がもつ内面の感情は、家族の存立と安定のために湧き上がってくる。この内面の感情は、子や夫に対する個人的な愛情や愛着よりも、むしろ妻や母としての役割を果たすために家族のために世話をやき、家族が亡くなれば埋葬するように促すものである。

現実の世界は、自己意識的な「人間の掟」によって制御されているように見えるけれども、その内実においては、内面の感情である「家族の掟」に、私たちはつき動かされている。死者を悼む内面の感情は、家族の守り神によって私たちが守られていることを意味している。ここには、神々によって書かれた掟として、人間の手の及ばない死後の領域に対する畏怖と崇拝の感情を見て取ることができる。家族の血脈のなかで、家族の健康と安全をペナテスに祈ることが、女性の役割とされている。男性は、国家のために労働し、戦争に赴き普遍的なもののために役立つことができる。それに対して女性は、戦争よりも個々の家族の安全を祈る個別的な存在として理解されている。

7 共同体における女性

ヘーゲルは、それでは国家と家族のなかで女性をどのように論じているのだろうか。『精神現象学』「精神」章の「人倫的世界」においては、国家の司る「人間の掟」は、個々の家族を統治することによって自分のうちで解消するままに保つ。しかしまた同時に、家族は国家が存立するための場面でもまたある。女性は「共同体の永遠のイロニー」と呼ばれており、「国家の普遍的な財産を転倒して家族の所有物となし、装飾品とする」(GW 9. 259) と言われる。イロニーは、皮肉や風刺という意味を待つ。ソクラテスは自ら無知を装いながら、対話を通して、知者を自認する人が実際には知識を有していないことを露呈する方法によって、真理を明らかにしようとした。この方法がソクラテスの古典的イロニーとされる。ソクラテスの古典的イロニーにおいて、人は仮面を脱いで素顔を現し、隠されていた真理を語り出すとヘーゲルはとらえている。

女性は、家族の生活や細々としたことや媚態を帯びるための装飾品とに熱心な者とみなされている。共同体は、快楽とその享受をなす若者の個別の精神を抑圧し、年寄りの重厚な知恵を重んじるものとされる。しかし、いったん戦争においては、女性が愛欲を抱くところの勇敢な若者が、個別の精神として、抑圧されていた破滅の原理が明るみに出て幅をきかす、とヘーゲルは述べる。女性は、国家や共同体、普遍的なものに目を向けることができず、日々の生活のなかの具体的なものに携わるとされる。家族の細々したことに女性が関わるのは、女性が家族を司るものとして、国家に対して個別の精神の位置を占めるものとみなされているからだと考えられる。

人倫的な世界のなかで、男性は国家統治を通じて人を支配していると思い込んでいる。というのは、国家が維持されるのは、「家の神々を分離させたり、女性が司る家族を自律的に個別化させたりしながら、それらを食い尽くし、人間の掟が流動性をもって連続するなかで、家族を解体させる」(GW 9. 258) からである。しかし、実際には、国家は個々の成員が労働し消費生活を行うことによって成立していることを、「共同体の永遠のイロニー」である女性の行いが示している。

ヘーゲルによると、男性が行う統治を女性は「たくらみ」によって私的な目的に変えるのである。女性が「共同体の永遠のイロニー」としてとらえられるのは、そこに男性が主要な立場を占め、女性を周辺に置こうとする構造があるからである。周縁的な地位にあるものが、主要でないとみなされる家事という役割や雑事を行っているように見せかけながら、実際には、主要な地位にある者に対して大きな力を持っていることを示すのが「イロニー」としての女性である。家族の役割を果たす女性は、擬態した周縁性、擬態した瑣末さを持つものとして、ヘーゲルはとらえている。

おわりに

ヘーゲルの『精神現象学』は、「意識経験の学」として、意識が自らの知を自己吟味し、新たな対象のうちに自らの経験を見いだしていく過程を扱う。意識は知と真を吟味するなかで、自らの思い込みを突き崩していく懐疑の道程である。『精神現象学』がこのような方法論を取るために、女性は受動的であり、男性は能動的であるように見えるが、女性は擬態した受動性を装いながら男性を唆し、また、女性は私的であり、男性は公的であるように見えるけれども、女性はたんに擬態した周縁性を装っているにすぎないことが、意識が経験する弁証法の歩みのなかで明らかになる。

このようにとらえるならば、女性は、男性が持つことのできないマイノリティーの視野から、知の主要の根幹を切り崩す提言を行うことのできる立場にあると言えよう。また、男性には見えていない視点から知の営みを問い直すことも女性によって可能となる。フェミニズムの立場からヘーゲルを一概に断罪するのでない、現代的な視野からヘーゲルを位置づけることができるのではないだろうか。

推薦図書

Jeffrey A. Gauthier, *Hegel and Feminist Social Criticism: Justice, Recognition, and the Feminine*, State University of New York Press, 1997.

Patricia Jagentowicz Mills, *Feminist Interpretations of G. W. F. Hegel*, Pennsylvania State University Press, 1996.

ボーヴォワール『第二の性』ボーヴォワール著作集、第七巻（人文書院、一九六六年）。

岡野八代『フェミニズムの政治学――ケアの倫理をグローバル社会へ』（みすず書房、二〇一二年）。

小島優子『ヘーゲル　精神の深さ』（知泉書館、二〇一一年）。

注

第2章

（1）ホームページ（http://www.nkph.uni-kiel.de/）には研究者データベースがある。

（2）「間文化哲学」の文脈からヘーゲルを読解する試みとしては以下を参照。Heinz Kimmerle, *Georg Wilhelm Friedrich Hegel interkulturell gelesen*, Traugott Bautz: Nordhausen, 2005.

（3）カッシーラー『シンボル形式の哲学』生松敬三・木田元訳（岩波書店〔岩波文庫〕）、全四巻（Ernst Cassirer, *Philosophie der symbolischen Formen*, Bd. 1-3, Hamburg: Meiner, 2010）。

（4）カッシーラー『シンボル形式の哲学』第一巻、三一頁（Cassirer, *Philosophie der symbolischen Formen*, Bd. 1, S. 9）。

（5）カッシーラー『シンボル形式の哲学』第一巻、二七、二八頁（Cassirer, *Philosophie der symbolischen Formen*, Bd. 1, S. 6f.）。

（6）カッシーラー『シンボル形式の哲学』第一巻、九一頁以下（Cassirer, *Philosophie der symbolischen Formen*, Bd. 1, S.46ff.）。

（7）ジンメルはそれを「文化の悲劇」（Tragödie der Kultur）と呼び、文化的体系は根源的生から遠ざかる宿命にあるとする。Vgl. Georg Simmel, Der Begriff und die Tragödie der Kultur, in: *Grundlagentexte Kulturphilosophie*, hrsg. von Ralf Konersmann, Hamburg: Meiner, 2009, S. 55-76. およびそれに対するカッシーラーの反応については同書収録の論文（Die »Tragödie der Kultur«, S. 117-138）を参照。

（8）カッシーラー『シンボル形式の哲学』第一巻、三八、三九頁（Cassirer, *Philosophie der symbolischen Formen*, Bd. 1, S. 13）。

（9）カッシーラー著、ヴィリーン編『象徴・神話・文化』神野慧一郎ほか訳（ミネルヴァ書房、一九八五年）（Ernst Cassirer, Critical Idealism as a Philosophy of Culture（1936）, in: *Symbol, Myth, and Culture. Essays and Lectures of Ernst Cassirer 1935-1945*, edited by Donald Phillip Verene, Yale University Press, 1979, pp.64-91）。

(10)Cassirer, *Symbol, Myth, and Culture*, pp. 79, 80.

(11)『精神現象学』はつぎのように締めくくられる。「精神の自由な、偶然性の形式において現象する定在という側面からするそれらの保存は、歴史であるが、それらの概念的な組織化という側面からすれば、それは現象する知の学である。両者を合わせたところの、概念的歴史が、絶対精神の内化・想起とゴルゴダを、精神の玉座の現実性、真理、確信を形成する、それなしでは絶対精神も生気を失った孤独なものであろう。ただこの精神の国の杯からのみ、精神の無限性は精神に泡立ち溢れる」（GW 9. 435）。

(12)Hans Blumenberg, *Paradigmen zu einer Metaphorologie (1960)*, Frankfurt am Main: Suhrkamp, 2013. 二〇一三年出版の新版には研究の第一人者であるAnselm Haverkampによる詳細な注釈と解説が付いている。

(13)ブルーメンベルク『光の形而上学――真理のメタファーとしての光』生松敬三・熊田陽一郎訳（朝日出版社、一九七七年）(Hans Blumenberg, in: *Ästhetische und metaphorologische Schriften*. Auswahl und Nachwort von Anselm Haverkamp, Frankfurt am Main: Suhrkamp, 2001）および『隠喩学のためのパラダイム』の第一パラダイム「〈強力な〉真理の隠喩系」を参照。

(14)「これらの隠喩は絶対的と呼ばれるのだが、それが意味するのはただ、それらが概念論の要求に対抗するものとして証明され、概念性には解消されない、ということである。それは、ある隠喩が他の隠喩によって置き換えられない、あるいは代替されないとか、より明確なものによって修正されえない、ということではない」(Blumenberg, *Paradigmen zu einer Metaphorologie*, S. 16)。

(15)「絶対的隠喩もまた歴史を持つ。それらは諸概念よりも根元的な意味で歴史を持つ、というのもある隠喩の歴史的変遷は、歴史的意味地平と視覚そのもののメタ運動論（Metakinetik geschichtlicher Sinnhorizonte und Sichtweisen selbst）を露わにするからであり、その内部で諸概念は自身の変容を経験するのである」(Blumenberg, *Paradigmen zu einer Metaphorologie*, S. 16)。

(16)ブルーメンベルクは自身の仕事について語る際に、「体系」などの生物学的隠喩ではなく、「結晶化」(Kristallisation)、「触媒」(Katalysator)、「溶解」(Nährlösung) などの化学的用語を好んで使用するという点にも、彼の思考の特徴が表れている。

(17)ブルーメンベルク『神話の変奏』青木隆嘉訳（法政大学出版局、二〇一一年）(Hans Blumenberg, *Arbeit am Mythos*, Frankfurt am Main: Suhrkamp, 1979)、および『隠喩学のためのパラダイム』の第七パラダイム「神話と隠喩系」を参照。

(18)Hans Blumenberg, *Das Lachen der Thrakerin. Eine Urgeschichte der Theorie*, Frankfurt am Main: Suhrkamp, 1987.

(19)ハンス・ブルーメンベルク『コペルニクス的宇宙の生成』後藤嘉也ほか訳（法政大学出版局、第一巻、二〇〇二年、第二巻、二〇〇八年、第三巻、二〇一一年）(Hans Blumenberg, *Die Genesis der kopernikanischen Welt*, Frankfurt am Main: Suhrkamp, 1975)。

(20)ハンス・ブルーメンベルク『難破船』池田信雄ほか訳（哲学書房、一九八九年）(Hans Blumenberg, *Schiffbruch mit Zuschauer*, Frankfurt am Main: Suhrkamp, 1979) の付録「非概念性の理論への展望」および一九七五年講義 (Hans Blumenberg, *Theorie der Unbegrifflichkeit*, hrsg. von Anselm Haverkamp, Frankfurt am Main: Suhrkamp, 2007) を参照。

(21)ブルーメンベルク『神話の変奏』の第一章「〈現実による絶対支配〉以後」を参照。

(22)ハンス・ブルーメンベルク『われわれが生きている現実——技術・芸術・修辞学』村井則夫訳（法政大学出版局、二〇一四年）、二〇九—二二二頁 (Hans Blumenberg, *Wirklichkeiten in denen wir leben*, Stuttgart: Reclam, 1981)。

(23)Blumenberg, *Wirklichkeiten in denen wir leben*, S. 169.

(24)Blumenberg, *Wirklichkeiten in denen wir leben*, S. 171f.

(25)Blumenberg, *Wirklichkeiten in denen wir leben*, S. 168.

(26)マルクヴァートは「絶対者からの解放の思想」をブルーメンベルク哲学の基本姿勢として提示する。Odo Marquard, Entlastung vom Absoluten, in: *Die Kunst des Überlebens, Nachdenken über Hans*

Blumenberg, hrsg. von Franz Josef Wetz und Hermann Timm, Frankfrut am Main: Suhrkamp, 1999, S. 17-27.彼をはじめ多くの論者がブルーメンベルクのポスト形而上学的性格を指摘しているが、そのように時代的思潮と一括りにすることで誤解も生じやすい。ここではあくまでその中心を、歴史文化的事象の探求へと自己を開く論理として提示したい。

(27)後年の『洞窟の出口』(Hans Blumenberg, *Höhlenausgänge*, Frankfurt am Main: Suhrkamp, 1989, S. 570-592）にヘーゲルのプラトン解釈に対する分析が見られる。

第3章

(1)ウィリアム・ジェイムズ『プラグマティズム』（改版）舛田啓三郎訳（岩波書店〔岩波文庫〕、二〇一〇年）、二〇三頁。

(2)リチャード・ローティ「はじめに」ウィルフリド・セラーズ『経験論と心の哲学』浜野研三訳（岩波書店、二〇〇六年）所収、v―vi頁。

(3)W・V・O・クワイン『論理的観点から――論理と哲学をめぐる九章』飯田隆訳（勁草書房、一九九二年）、六八頁。

(4)ブランダムのウェブサイトの「執筆中の著作」という項目に『信頼の精神』がある（http://www.pitt.edu/~brandom/spirit_of_trust.html）（二〇一七年一月一日閲覧）。

(5)以下の叙述は、主としてロバート・ブランダム『推論主義入門』（斎藤浩文訳、春秋社、二〇一六年）の第一章、第五章、第六章の内容を、大幅な簡略化を加えて再構成したものである。なお、文の真偽に関する問題と、文の意味に関する問題を区別して主張可能性に関する議論への導入とする構成は、ブランダムを批判した以下の論文から着想を得ている。Bob Hale and Crispin Wright, Assertibilist Truth and Objective Content: Still Inexplicit?, in: Bernhard Weiss and Jeremy Wanderer（ed.）, *Reading Brandom: On Making It Explicit*, Routledge, 2010, pp. 276-293. また、最終的にブランダムとヘーゲルの接点を観念論、全体論、承認、歴史性の四点にまとめるという着想は、以下の論文から得た。Robert B. Pippin, Brandom's Hegel, in: Espen Hammer (ed.), *German Idealism: Contemporary Perspectives*, Routledge, 2007, pp. 154-180. ただし、ピピンの議論は専門家を対象にブランダムの議論に対して自らのヘーゲル解釈を提示することを目指したものであり、本章とは性格が大きく異なる。

(6) たとえば『大論理学』では、「いまやここで考察されるべき普遍的な概念は、普遍性、特殊性、個別性の三つの契機を含んでいる」(GW 12. 32) と言われている。このような文言は、私たちは諸概念を個別に理解することはできず、それらを全体として理解しなければならないというヘーゲル哲学の全体論的な性格を示している。

(7) これは、ブランダム自身が『大いなる死者たちの物語』所収の論文「ヘーゲルの『精神現象学』における全体論と観念論」で展開している解釈である。「ヘーゲルの主張は、全体論を、そして規定性を理解可能にする唯一の仕方は、客観的観念論だというものである」(Robert B. Brandom, *Tales of the Mighty Dead: Historical Essays in the Metaphysics of Intentionality*, Harvard University Press, 2002, p. 208)。

(8) ブランダムはつぎのように述べている。「誰かに責任があるとか、誰かに権限があると考えること、また誰かに規範的な義務論的ステータスを帰属すること、これらはヘーゲルが……〈承認〉と呼ぶ種類の態度である」(Robert B. Brandom, *Reason in Philosophy: Animating Ideas*, The Belknap Press of Harvard University Press, 2009, p. 70)。「規範性は……相互承認の産物である。……権限と責任との相互的なこの了承(acknowledgment)によって制定されたコミットメントと責任は、それらが概念的コミットメント(概念の適用)という構造を持つかぎりで、すなわち、それらが推理において前提と結論という、際立って推論的な役割を果たすかぎりで、内容あるものである」(Brandom, *Tales of the Mighty Dead*, p. 48)。これらの箇所でブランダムは、ヘーゲルの相互承認論を、スコアつけとして説明される推論や主張に関する相互的な権限付与と責任の引き受けに結び付けている。

(9)『大いなる死者たちの物語』では、表現としての主張という議論と相互承認に関する議論が結び付けて論じられている (Brandom, *Tales of the Mighty Dead*, p. 48)。

第4章

(1)マクダウェルの著作からの引用はつぎの各書により略号と頁数で示す。

MW: *Mind and World*, Cambridge: Harvard University Press, 1994; 2. Edition, 1996.

MKR: *Meaning, Knowledge, and Reality*, Cambridge: Harvard University Press, 1998.

MVR: *Mind, Value, and Reality*, Cambridge: Harvard University Press, 1998.

HWV: *Having the World in View. Essays on Kant, Hegel, and Sellars*, Cambridge: Harvard University Press, 2009.

EI: *The Engaged Intellect. Philosophical Essays*, Cambridge, Massachusetts and London: Harvard University Press, 2009.

(2)加賀裕郎「プラグマティズム史の構築に向けて」同志社女子大学現代社会学会編『現代社会フォーラム』第九号(二〇一三年)、五四頁以下を参照。

(3)Angelica Nuzzo, Introduction: Dialectic Appropriations, in: *Hegel and Analytic Tradition*, edited by Angelica Nuzzo, New York: Contium, 2010, pp. 1-11.

(4)Paul Redding, *Analytic Philosophy and the Return of Hegelian Thought*, Cambridge University Press, 2007.

(5)Cf. Daniel Garber, What's Philosophical about History of Philosophy, in: *Analytic Philosophy and History of Philosophy*, edited by Tom Sorell and G. A. J. Rogers, Oxford University Press, 2005, p. 131; Robert B. Brandom, *Between Saying and Doing: Towards an Analytic Pragmatism*, Oxford University Press, 2008, p. 223.

(6)John McDowell, Response, in *John McDowell: Experience, Norm, and Nature*, edited by Jacob Lindgaard, Blackwell, 2008, p. 225.

(7)Vgl. John McDowell, Hegel and the Myth of Given, in: *Das Interesse des Denkens*: Hegel aus heutiger

Sicht, hrsg. Wolfgang Welsch and Klaus Vieweg, München: Fink, 2003, p. 87.

(8) Cf. Christoph Halbig, Varieties of Nature in Hegel and McDowell, in: *John McDowell: Experience, Norm, and Nature*, edited by Jacob Lindgaard, Blackwell, 2008, pp. 72-91.

(9) Cf. Stephen Houlgate, Thought and Experience in Hegel and McDowell, in: *John McDowell: Experience, Norm, and Nature*, edited by Jacob Lindgaard, Blackwell, 2008, p. 102.

(10) Axel Honneth, Between Hermeneutics and Hegelianism, translated from German by Nicolas H. Smith, in: *Reading McDowell. On Mind and World*, London: Routledge, 2002, p. 246.

(11) *Ibid.*, p. 246.

(12) *Ibid.*, p. 248.

(13) Cf. John McDowell, Response, in: *Reading McDowell. On Mind and World*, London: Routledge, p. 301.

(14) Vgl. Wolfgang Bonsiepen, Der Begriff der Negativität in der Jenaer Schriften Hegels, in: *Hegel-Studien*, Beiheft 16, Bonn, 1977, S. 156f. Cf. Robert R. Williams, *Hegel's Ethics of Recognition*, Berkeley: University of California Press, 1997, p. 48.

(15) Robert B. Brandom, *Tales of the Mighty Dead: Historical Essays in the Metaphysics of Intentionality*, Cambridge: Harvard University Press, 2002, p. 210.

(16) Axel Honneth, Between Hermeneutics and Hegelianism, in: *Reading McDowell: On Mind and World*, p. 265; ders., Zwischen Hermenueutik und Hegelianismus John McDowell und die Herausforderung des moralischen Realismus, in: *Unsichtbarkeit. Stationen einer Theorie der Intersubjektivität*, Frankfurt am Main: Suhrkamp, 2003, S. 134.

(17) John McDowell, Response, in: *John McDowell: Experience, Norm, and Nature*, edited by Jacob Lindgaard, Blackwell, 2008, p. 226.

(18) John McDowell, Response, in *John McDowell*, p. 226.

(19) Robert B. Brandom, *Making It Explicit: Reasoning, Representing, and Discursive Commitment*, Cambridge: Harvard University Press, 1994, p. 39; Cf. Michael D. Barber, *The Intentional Spectrum and Intersubjectivity: Phenomenology and the Pitsburgh Neo-Hegelians*, Athens: Ohio University Press, 2011.

(20) Cf. Joseph Margolis, *Pragmatism's Advantage: American and European Philosophy of the End of the Twentieth Century*, Stanford University Press, 2010, p. 63.

(21) ローレンス・コールバーグ『道徳性の発達と道徳教育』岩佐信雄訳（広池学園出版部、一九八七年）、一〇頁以下を参照。また、暗黙知との関連では、佐野安仁・吉田謙二編『コールバーグ理論の基底』（世界思想社、一九九三年）、一六六頁以下を参照。

第5章

(1) フランスにおけるヘーゲル受容については、つぎのものを参照。Judith Butler, *Subjects of Desire: Hegelian Reflections in Twentieth-Century France*, Columbia University Press, 1987.

(2) とりわけ、ジュディス・バトラーやカトリーヌ・マラブーといった名前が挙げられるであろう。

(3) 佐藤嘉幸『権力と抵抗——フーコー・ドゥルーズ・デリダ・アルチュセール』（人文書院、二〇〇八年）。

(4) ジジェクの著作からの引用はつぎの各書により略号と頁数で示す。

PSH: *Le Plus Sublime des Hystériques: Hegel avec Lacan*, PUF, 2011.

SI: *The Sublime Object Of Ideology*, Verso, 1989.

TN: *Tarrying with the Negative: Kant, Hegel, and the Critique of Ideology*, Duke University Press, 1993.

PV: *The Parallax View*, MIT Press, 2006.

LN: *Less Than Nothing: Hegel and the Shadow of Dialectical Materialism*, Verso, 2012.

(5) ラカンの議論の変遷はきわめて複雑で単純化を許さないが、一般的にはジジェクの着目するラカンは中期ラカンといわれる、対象aと主体がいかなる関係を持つか（分離）によって主体のあり方が決定されるという時期のものである。ラカンの理論的変遷については、松本卓也『人はみな妄想する――ジャック・ラカンと鑑別診断の思想』（青土社、二〇一五年）を参照。

(6)ジジェク自身が主張するように、ラカンとヘーゲルとの親近性の指摘はラカン自身が意図していないものである。一般的にラカンのヘーゲル受容は彼の鏡像段階理論において見いだされる。しかし、ジジェクはこれに対して、むしろ象徴界と現実界の関係、対象aの理論においてラカンのヘーゲル的側面が見いだされるという(PSH, p. 13)。

(7)ブルース・フィンク『「エクリ」を読む――文字に添って』上尾真道ほか訳（人文書院、二〇一五年）によれば、このような換喩的構造それ自体が自我と呼ばれる。

(8)美濃正「心的因果と物理主義」（信原幸弘編『シリーズ心の哲学（1）人間編』勁草書房、二〇〇四年）による整理を参照した。

(9)Robert Pippin, Back to Hegel?, *Mediations* 26, 2012.

(10)カンタン・メイヤスー『有限性の後で――偶然性の必然性についての試論』千葉雅也ほか訳（人文書院、二〇一六年）。

(11)ここでジジェクは、フーコーを描くジル・ドゥルーズ『フーコー』宇野邦一訳（河出書房新社〔河出文庫〕、二〇〇七年）に驚くほど近い。事実ジジェクは『身体なき器官』長原豊訳（河出書房新社、二〇〇四年）のなかで、いかにドゥルーズがヘーゲル主義者であるかを記している。ドゥルーズはフーコーの言表の存在論を三人称のつぶやきであり、誰のものかわからぬ判明ではない言語こそ言語の存在の条件であると語っていた。

終章

(1)Patricia J. Mills ed., *Feminist Interpretations of G. W. F. Hegel*, The Pennsylvania State University Press, 1996, p. 74.

(2)以下の叙述では、杉藤雅子「ボーヴォワールの承認論」(早稲田大学哲学会『フィロソフィア』第九十九号、二〇一一年、三九—六〇頁)を参照した。
(3)ボーヴォワール『戦中日記』西陽子訳(人文書院、一九九三年)、二七四頁。
(4)ボーヴォワール『戦中日記』三三二頁。
(5)『ボーヴォワール著作集』第七巻『第二の性』生島遼一訳(人文書院、一九六六年)、二一四頁。
(6)Jeffrey A. Gauthier, *Hegel and Feminist Social Criticism: Justice, Recognition, and the Feminine*, State University of New York Press, 1997, p. 132.
(7)『筑摩世界文学大系』第二十四巻『ゲーテI』(筑摩書房、一九七二年)、二九九頁。
(8)ミルトン・メイヤロフ『ケアの本質——生きることの意味』田村真・向野宣之訳(ゆみる出版、二〇〇一年)。

あとがき

ヘーゲル哲学について書かれた本のなかで、編者がお薦めするのはつぎの三冊である。まずは、校訂版『ヘーゲル全集』の第一部「著作集」を概観した、オットー・ペゲラー編『ヘーゲルの全体像』（以文社、一九八八年）であり、つぎに、第二部「講義録」に的を絞った、オットー・ペゲラー編『ヘーゲル講義録研究』（法政大学出版局、二〇一五年）である。この二冊を一読すると、ヘーゲル哲学の全体と、ドイツのヘーゲル研究がよくわかる。そして、日本のヘーゲル研究を知りたい読者には、寄川条路編『ヘーゲル講義録入門』（法政大学出版局、二〇一六年）をお薦めしたい。

加えて本書は、日本ヘーゲル学会の若手研究者を中心とした、日本語によるヘーゲル哲学研究への入門書である。日本のヘーゲル研究の状況を踏まえながらも、そこから一歩を踏み出して、「現代思想」との対話と対決というテーマで、これまで知られることのなかったヘーゲル像を描き出している。研究状況を伝える本書の各章を読んで、日本のヘーゲル研究の現状を知ってもらえれば本望である。

最後になったが、本書の出版を勧めてくれた晃洋書房の丸井清泰氏に、厚くお礼申し上げる。

二〇一七年　春

寄川条路

事 項 索 引

〈ア　行〉

〈カ　行〉

〈サ　行〉

〈タ　行〉

〈ナ　行〉

〈ハ　行〉

〈マ　行〉

〈ヤ　行〉

〈ラ　行〉

〈ラ　行〉

人名索引

松 岡 健 一 郎 （まつおか　けんいちろう）［第４章］

1974年，鳥取県生まれ．同志社大学大学院修了，哲学博士．現在，同志社大学非常勤講師．論文に「フリードリッヒ・シュレーゲルのケルン講義における二つの根本概念――〈無限な統一〉と〈無限な充溢〉」(日本シェリング協会編『シェリング年報』第24号，2016年)，「『大論理学』第二版における〈真無限〉の概念」(日本ヘーゲル学会編『ヘーゲル哲学研究』第18号，2012年)．

《著者紹介》（五十音順）

大坪哲也（おおつぼ　てつや）［第1章］

1979年，福岡県生まれ．京都大学大学院修了，文学修士．現在，京都大学文学部プレゼミ講師．論文に「デンマーク矛盾論争におけるF・C・シバーンのヘーゲル批判」（日本ヘーゲル学会編『ヘーゲル哲学研究』22号，2016年），「キルケゴールの不安の概念における実存論的学の問題」（京都大学『宗教学研究室紀要』第11号，2014年）．

上田尚徳（かみだ　ひさのり）［第5章］

1990年，熊本県生まれ．一橋大学大学院修了，社会学修士．現在，一橋大学社会学研究科博士課程在学．

川瀬和也（かわせ　かずや）［第3章］

1986年，宮崎県生まれ．東京大学大学院修了，文学修士．現在，宮崎公立大学助教．論文に「ヘーゲル・ルネサンス――現代英語圏におけるヘーゲル解釈の展開」（『情況』第4期第5巻第3号，2016年）．

小島優子（こじま　ゆうこ）［終章］

1973年，神奈川県生まれ．上智大学大学院修了，哲学博士．現在，高知大学准教授．単著に『ヘーゲル　精神の深さ』（知泉書館，2011年），『最新哲学がよ～くわかる本』（秀和システム，2006年），共著に寄川条路編『ヘーゲル講義録入門』（法政大学出版局，2016年），共訳にオットー・ペゲラー編『ヘーゲル講義録研究』（法政大学出版局，2015年）．

下田和宣（しもだ　かずのぶ）［第2章］

1981年，静岡県生まれ（旧姓，石川）．京都大学大学院修了，文学修士．現在，キール大学大学院博士課程．論文に「生きている哲学――ヤコービの〈無知の学〉と〈信の実在論〉が向かう先」（『nyx（ニュクス）』第2号，2015年），「〈精神の証言〉――ベルリン期ヘーゲルの宗教哲学的宗教史研究とヤコービ批判」（京都大学『宗教学研究室紀要』第10号，2013年），「後期ヘーゲルの方法理念としての〈追思惟〉」（日本哲学会編『哲学』第63号，2012年）．

《編著者紹介》
寄川条路（よりかわ　じょうじ）［序章］
1961年，福岡県生まれ．ボーフム大学大学院修了，文学博士．明治学院大学教授．単著に『新版　体系への道』（創土社，2010年），『ヘーゲル哲学入門』（ナカニシヤ出版，2009年），『ヘーゲル『精神現象学』を読む』（世界思想社，2004年）．共著に寄川条路編『ヘーゲル講義録入門』（法政大学出版局，2016年）．共訳にオットー・ペゲラー編『ヘーゲル講義録研究』（法政大学出版局，2015年）．

ヘーゲルと現代思想

2017年5月20日　初版第1刷発行　　＊定価はカバーに表示してあります

編著者の了解により検印省略

編著者　寄川条路©
発行者　川東義武
印刷者　西井幾雄

発行所　株式会社　晃洋書房
〒615-0026　京都市右京区西院北矢掛町7番地
電話　075(312)0788番(代)
振替口座　01040-6-32280

カバーデザイン　㈱クオリアデザイン事務所　印刷・製本　㈱NPCコーポレーション
ISBN978-4-7710-2891-3